# 绝对成交之
# 一个房地产销售教父的自白

为什么不管多难卖，他都卖得掉，还能卖出好价钱？

〔美〕弗雷德里克·埃克伦德(Fredrik Eklund)
布鲁斯·利特菲尔德(Bruce Littlefield) \ 著
李文远 \ 译

SPM
南方出版传媒
广东人民出版社
·广州·

图书在版编目（CIP）数据

绝对成交之一个房地产销售教父的自白 /（美）埃克伦德 (Eklund,F.)，（美）利特菲尔德 (Littlefield,B.) 著；李文远译 .—广州：广东人民出版社，2016.3

ISBN 978-7-218-10622-9

Ⅰ. ①绝… Ⅱ. ①埃… ②利… ③李… Ⅲ. ①房地产－市场营销学 Ⅳ. ① F293.35

中国版本图书馆 CIP 数据核字 (2015) 第 299548 号

The Sell: The Secrets of Selling Anything to Anyone by Fredrik Eklund and Bruce Littlefield
Copyright © 2015 by Fredrik Eklund
Simplified Chinese translation copyright © 2016 by Grand China Publishing House
All rights reserved including the right of reproduction in whole or in part in any form.
This edition published by arrangement with Avery Books, a Member of Penguin Group (USA) LLC, A Penguin Random House Company through Bardon-Chinese Media Agency

No part of this book may be used or reproduced in any manner whatever without written permission except in the case of brief quotations embodied in critical articles or reviews.

本书中文简体字版通过 Grand China Publishing House（中资出版社）授权广东人民出版社在中国大陆地区出版并独家发行。未经出版者书面许可，本书的任何部分不得以任何方式抄袭、节录或翻印。

JueDuiChengJiao Zhi YiGe FangDiChan XiaoShou JiaoFu De ZiBai
## 绝对成交之一个房地产销售教父的自白
[美] 弗雷德里克·埃克伦德　布鲁斯·利特菲尔德 著　李文远 译　版权所有 翻印必究

出版人：曾　莹

| 策　　划： | 中资海派 |
|---|---|
| 执行策划： | 黄　河　桂　林 |
| 责任编辑： | 肖风华　古海阳　张　静 |
| 特约编辑： | 宋金龙 |
| 版式设计： | 王　雪 |
| 封面设计： | 张　英 |

出版发行：广东人民出版社
地　　址：广州市大沙头四马路 10 号（邮政编码：510102）
电　　话：(020) 83798714（总编室）
传　　真：(020) 83780199
网　　址：http://www.gdpph.com
印　　刷：深圳市汇亿丰印刷科技有限公司
开　　本：787mm×1092mm　1/16
印　　张：16.5　字　数：200 千
版　　次：2016 年 3 月第 1 版　2016 年 3 月第 1 次印刷
定　　价：39.80 元

如发现印装质量问题，影响阅读，请与出版社 (020-83795749) 联系调换。
售书热线：(020) 83795240

## 致中国读者信

我从一个瑞典小镇来到世界上竞争最激烈的市场,直至成为销售行业的顶尖人物,这段旅程激励我写下了你手中的这本书。这次写作经历也可谓不可思议。在书中,我讲述了许多销售的窍门、秘诀,还有一些噱头和锦囊妙计,但在你开始阅读本书之前,我想先强调一件事:成功固然离不开努力、钻研与奉献,但真正的成功源自正直、诚实和信守承诺的品格,一个成功人士必须具备这些素质。

本书的主题是销售,但我想指出,人生中有些东西是绝对的"非卖品",比如你所爱的人、你的孩子、宠物、价值观、信仰、精神等,它们不仅是无价的,更是神圣的。我时常提醒自己:"即使是我这样的销售大师,有些东西也是不能出售的,尤其是我的灵魂。除此之外,一切都有商量的余地。"

弗雷德里克·埃克伦德

# 名家推荐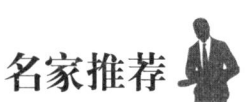

## 实践顶尖销售员的绝技，你就能成为顶尖

芭芭拉·柯克兰

纽约红极一时的地产女王

畅销书《创富传奇》作者

我与弗雷德里克·埃克伦德相识于比弗利山庄①SLS酒店顶楼的游泳池边。当时，我正在好莱坞拍摄美国广播公司（ABC）的真人秀节目《创智赢家》，弗雷德里克恰好也在楼顶，他看起来相当惹人注目。如果有一名出色的销售员走在街上，即使是在街对面，我也能在第一时间注意到他，更不用说在泳池对面这么近的距离了。弗雷德里克身上有一种吸引力，你不可能对这种吸引力视而不见，那时候我并不知道他是何方神圣，当时他还没出演《百万金豪宅》真人秀，但有一件事毋庸置疑：他肯定是一位成功人士。弗雷德里克·埃克伦德身上散发着一种杀手般的气质。

1973年，我从男朋友那里借了1 000美元，在纽约市创办了一家房地

---

① Beverly Hills，位于美国洛杉矶市内的城中城，有"全世界最尊贵住宅区"之称。——译者注

产公司。尽管我没有任何销售经验，却始终抱持着必胜的信念。那时候，纽约还没有女性经营房地产企业的先例，这是一个由男人主导的行业，女人只有打工的命。虽然并不受同行的欢迎，但我仍受到了一定的关注。我的梦想是成为纽约市最顶尖的房地产销售人员。为了实现这个梦想，我想了很多方法，例如，我长期穿着标志性的短裙和颜色鲜艳的衣服，并把我的销售团队称为"强人的房产经纪人"。到了1999年，柯克兰集团成为全纽约市排名第一的住宅类房地产公司。

弗雷德里克是瑞典人。他孤身来到美国，没有任何社会关系，也没有房产经纪人执照，但在不到12年的时间里，他就成长为美国排名第一的房地产销售团队的领导者。弗雷德里克之所以能创造自己的美国梦，是因为他深知"理想创造现实"，而且他敢于寻找和抓住机会。

**在聘用某个人的时候，我最看重的是这个人是否拥有为事业打拼的激情，这是成功的关键所在。** 直至今日，当我在《创智赢家》真人秀中给选手提供创业资金时，也以创业激情作为衡量标准。世上有一种人，如果不能成为人中龙凤，那他宁愿选择不存在。弗雷德里克就是这样的性格。读完这本书后，你也会变成这样的人。与任何优秀的销售人员一样，弗雷德里克非常善于说服他人。举个例子，他苦口婆心地对我说，我不仅要在这篇序言中褒奖他，还要把我认为成功人士必备的五个信条告诉读者。以下这五个信条都包含在他的销售秘诀中：

**1. 人们只和自己欣赏的人做生意。** 千万别误以为销售人员的工作就是卖产品。在和别人做生意之前，你必须要了解对方的想法。如果人们喜欢你，他们就想与你合作；如果他们不喜欢你，你所面对的障碍将是不可逾越的。你要想方设法让别人喜欢你。

**2. 销售就是扬长避短。** 如果你天生就知道怎么做到这一点，那你在销售行业就抢得了先机；如果你不知道这个方法，也可以慢慢学习。我曾经在一个小餐馆工作。那时为了吸引顾客，我和另一名女服务生展开了竞争。所有来餐馆就餐的男顾客都想坐在她那边，因为她的胸很大；而我，唉……完全没有她那种傲人的身材。但我的母亲给了我做销售（和经营人生）方面的最佳指导。她告诉我，我不能盯着自己的短处不放，而是要发挥自己的特长，比如我的温柔和开朗，以及一副好口才，她要我用这些优点去吸引客户，让他们坐在我所服务的区域，最后我成功了。

3. **失败乃成功之母**。和普通人一样，成功人士也经历过失败，但他们能够很快振作起来，重新迎接挑战。在各类人群当中，销售人员的自杀率是最低的。因为他们每天都要面对人们无数次的拒绝，所以他们更能适应人生的种种打击。

4. **人人都有从众心理**。这是最基本的销售心理学。你要让人们觉得，你推荐给他们的东西是热狗和棒球被发明以来最好的产品。你还要记住两点：第一，买东西的人越多，人们的购买欲就越强；第二，如果你告诉人们某样东西就要断货了，他们就更想掏钱。

5. **成功人士都认为自己的成就只是暂时的**。每到岁末，顶尖的房产经纪人都会觉得下一年的形势将非常严峻，因为他们在上一年度创下的业绩纪录将成为他们最难以超越的数字。对成功人士而言，对未来的担忧就是他们获取新成就的动力。

在过去二十五年里，我管理着纽约市最顶尖的房地产销售团队。我知道，成功的销售人员都不想让别人知道自己的销售秘诀。毕竟当你已经成为销售之王时，又怎么会把这个宝座拱手让人，或是给自己制造成千上万的竞争对手呢？然而弗雷德里克却非常想和大家分享他的秘诀。我认为，**一个真正的成功人士是不会害怕竞争的，相反，他会在竞争中成长**。

现在，我把你交给弗雷德里克，让他带你走上创富之路吧。

# 目 录

名家推荐　实践顶尖销售员的绝技，你就能成为顶尖　1
前　言　同一种方法，让所有人买单　1

## 第一部分　无论卖什么，你才是品牌

### 第 1 章　做真正的自己　15
先寻找自我，再谈销售
让人们了解你　16
让别人看见货真价实的你　21
跟悲伤的过去说再见　24
卸去伪装，做真实的自己　28

### 第 2 章　你的人生动力是什么　34
找到你的激情引爆点
做一个不被枪打中的"出头鸟"　34
你在职场上大放异彩的动力是什么　42
"既然总有人成功，那为什么不能是我？"　46

## 第3章 选对师父，少走弯路 49
跟随赢家，偷学几招

做大师的门徒 49
如何接近顶尖人物？ 64
怎样加入顶尖团队？ 67
"大门"为你打开了，然后呢？ 72

## 第4章 扮演好自己的角色 75
尽量让自己容光焕发，精神饱满

穿出你自己的味道 77
细节决定质量 80

## 第5章 保持你的职业竞技状态 87
努力工作，合理饮食，睡眠充足

和全新的自己"结婚" 88
像职业拳击手一样训练 91
"十二金刚"训练法 95
吃什么，决定你是什么 98
睡眠充足，人才性感 101

## 第6章 让顾客微笑 104
培养你的魅力和幽默感

初见30秒，决定未来的相处状况 105

弗雷德里克魅力学校　107
展颜销售术　111
发明你的招牌动作　115

# 第二部分　发现需求，创造需求

## 第 7 章　拓宽交际圈　121
用智慧、策略和低成本寻找客户

社交媒体，直通客户　122
弗雷德里克 APP 学校　128
领英：拓展你的职场人脉　135
YouTube：视频功效是传统媒介的五倍　137
Twitter：搜寻特定主题，与特定群体交流　138
Facebook：超"赞"的销售工具　140
Instagram：现代、时尚、无广告　144
网络"圈粉"秘诀　146
社交媒体的线上回报与线下收益　150

## 第 8 章　完美推销术　152
凸显你自己和你所卖产品的优势

你卖的不是商品，而是梦想　153
一见钟情式推销　157
弗雷德里克推销大讲堂　162

## 第 9 章　优势谈判成交术　169
### 协调各方需求，让人买单

倾听的艺术　170
不要让表情和肢体语言出卖你　171
离开谈判桌　174
红脸／黑脸策略　175
树立一个虚拟权威　176
下定决心　177
拖延战术　178
面对面谈判　180

# 第三部分　让谁都买单，是一种生活方式

## 第 10 章　结交合作伙伴并影响潜在合作者　187
### 寻找、聘用并管理优秀人才

$1/2+1/2 \geq 5$　188
为何寻找合作伙伴是一种天才举动　190
列出你的人脉资产负债表　192
如何打造一支快乐的职场团队　196

## 第 11 章　赌住媒体的嘴　201
### 学会利用媒体获取关注

吸引"无冕之王"的关注　202

亿万美金经纪人　203
如何让别人关注你　206

## 第12章　如何高效管理你的时间？　210
### 变得更棒、更好、更有效率

充分利用你宝贵的 525 600 分钟　212
泛泛之交的机会成本　214
学会授权　217
时间是免费的，也是无价的　218

## 第13章　阻碍你成功的七个魔鬼细节　219
### 直面人生的起起落落

缺乏自信　221
嫉妒　223
急于求成　225
怨天尤人　226
交友不慎　227
金钱问题　228
疾病　230

## 第14章　任性享乐，开心数钱　232
### 尽情享受人生，创造更多生意

狠狠奖励自己　233

回馈与付出,跟他人分享你的成功 236
旅行,人生最美好的回报 237
你有多会享受,就有多能赚钱 239

**结　语　带着我的秘诀,实现你的梦想　241**

# 前　言

## 同一种方法，让所有人买单

从7岁开始，我就成为了一名销售员。我的家在瑞典首都斯德哥尔摩，我在那里出生、长大。7岁那年冬天，我在学校里听说有一家公司正在招聘圣诞日历和书籍销售员，便去报了名。公司声称会奖励给销售周冠军一台黄色带防水功能的索尼随身听。于是我暗下决心，不但要做一名合格的销售员，还要比其他人卖出更多的产品，从全瑞典成千上万个卖圣诞日历的小销售员中脱颖而出，拿到那个象征无上荣耀的索尼随身听。

我为这个目标而着迷，无法自拔。我在自己房间的墙纸上画了一幅矩阵计划图，上面标明了全球日历销售数据，而且每天晚上睡觉前，我都会进行数据更新。那情形就像囚犯在牢房的墙壁上规划越狱路线。当父亲无意中看到墙上的涂鸦时，简直要气炸了。但生气也没用，墙纸已经被我写满了数字，谁也不能阻止我成为最伟大的销售员！

当时，奶奶亲手为我织了一件毛衣，毛衣的胸前绣着两头驯鹿。我很喜欢那件毛衣，因为驯鹿正是神奇的圣诞老人的坐骑。每天早上，我都要穿上它，把所有日历放到一副雪橇上，在斯德哥尔摩北部郊区阿卡拉（Akalla）的冰天雪地中拖着这车货物，挨家挨户敲门兜售。我对这个地区的市场了如指掌，因为潜在顾客都是我的邻居。

从20世纪70年代开始，政府在阿卡拉建了100万栋房屋，很多人退休后都把家搬到那里。我最喜欢向中老年妇女推销产品，她们对笑容满面、举止礼貌的小孩子总是毫无抵抗力。上门推销时，我会先敲一下门，然后后退一步，家庭主妇开门后刚好会注意到我身上那件可爱的毛衣。接下来我会对她们说："嗨，是我，弗雷德里克，真高兴又和您见面了。"这方法屡试不爽，她们一般都会让我进屋。在她们眼里，我就像是她们期盼已久、终于见面的小孙儿。我坐在她们身边，和她们侃侃而谈，借机推销我的产品。没错，我要激发她们的购买欲。

结果呢？那年冬天，我喝了不知多少绿茶，听了不知多少让耳朵起茧的"二战"故事，还打破了日历公司的所有销售纪录——没错，我说的是"所有"纪录。公司总裁甚至还给我写了封信，问我销售秘诀是什么，但我一直没有告诉他。30年后的今天，我准备在这本书里透露这个秘密（我应该给他寄一本带有我签名的书）。噢，别忘了，我还赢了很多台索尼随身听，后来我又把它们全都卖给了同学。

## 卖什么都是卖时机

如今，我卖的不再是圣诞日历，而是价值百万美元的豪宅。我的客户都是美国的名人显贵，包括詹妮弗·洛佩兹、卡梅隆·迪亚兹、莱昂纳多·迪卡普里奥、贾斯汀·汀布莱克、丹尼尔·克雷格以及众多来自纽约上西区[①]的富豪。然而，我现在所使用的销售技巧和我

---

[①] Upper West Side，位于纽约曼哈顿，是纽约人引以为豪的艺术圣地。——译者注

当年说服瑞典老奶奶买日历的技巧并没有太大区别。无论是卖日历还是卖豪宅,我都在向客户传递一条信息:**现在就是向我购买产品的最佳时机!**

即使你不以销售产品或服务为生,也能从我的销售策略中受益,因为你要明白一点:每个人的一生都在不停地做销售,只不过大部分人没有意识到这一点。

与别人约会前,你是否会穿上最漂亮的衣服,充分展现自己的魅力?如果答案是肯定的,那么你就是在推销自己;在太过劳累而不想出门扔垃圾时,你是否会请朋友帮忙?如果是的,那么你也是在做销售;你是否参加过求职面试?那当然也是一种销售。所以说,这本书适合每一个人。

即使你的职务头衔不是"销售员",你每天也在做着销售,而这本书讲述的正是各种有效的销售行为。也许你是圣诞日历销售商,或者你从事的是互联网和房地产行业,又或者你是一名糕点烘焙师,甚至是一位全职太太。无论你从事什么职业,此时此刻,你一定要记住这句话:"人生无处不销售。"而且如果你懂得如何推销自己,那么推销其他产品也就不在话下了。如果你认同这条放之四海皆准的道理,那么本书就是你的每日必读书。无论你要把医疗设备卖给医生,还是要劝说自家正在上小学三年级的孩子早点睡觉,都可以在这本书中找到灵感。

## 人生无处不销售

销售人员要做些什么?他们要吸引、影响并说服对方交换自己手中的东西。请想象两种情形:

◆ 你要说服上司支持你的想法；

◆ 你要劝说丈夫放弃去东京的打算，陪你去大溪地度假。

这两种情形没有什么不同。每当我们要求别人做某件事的时候，所使用的方法都是本书即将提到的销售策略。为了在餐厅里得到一个好位子，我们给餐厅经理和服务员以微笑；为了能得到厂家良好的售后服务，我们给他们留下好评；为了让友谊更长久，我们向朋友付出真心。这些都是销售行为。销售的本质就是运用各种方法激发某个人的积极性，并将这种积极性转化为行动，例如让客户支付购车款、从同事那里得到你想要的帮助、让孩子乖乖上床睡觉，或是从好友那里得到人生的指引。

十年前，我带着一双运动鞋，只身从瑞典来到美国纽约，我的心中只有一个梦想：在这座"不夜城"登上人生顶峰。可是在那个时候，我完全不知道如何实现这个梦想，甚至不知道自己要选择什么样的职业道路，但我深信自己是最优秀的。我之所以如此自信，是因为我手中有一款独一无二的产品，那就是我自己。我给自己编织了一个童话故事：无论选择哪个行业，终有一天，我会成为"纽约之王"。我想象着自己登上报纸头条，魅力四射，钱包里全是百元大钞。我知道，纽约是全球竞争最激烈的城市，在这个城市里出人头地不是件容易事，但我已经做好战斗准备。

我的故事从斯德哥尔摩的市郊开始。瑞典位于北欧，从地图上看，瑞典如楔子般嵌入挪威和芬兰之间，它与繁华的纽约曼哈顿相距千里。在冬季，瑞典又冷又暗；而且我发现很多美国人分不清"瑞典"和"瑞士"。我要在这里声明一下：这是两个不同的国度。瑞典没有冰熊（我听说美国人管冰熊叫"北极熊"）在大街上闲逛，只有一群身材高大、金发碧眼、喜欢喝伏特加的瑞典人。除了喜欢在仲夏夜跳青蛙舞（这是先人留下的传统），我们还擅长制造安全性能很高的汽车（沃尔沃）、设计可以自主组装的低成本家具（宜家）、开设全世界最廉价的服装店（H&M），还写一些朗朗上口但褒贬不一的流行音乐。

小时候家里并不富裕，但父母每年都会带我出去旅行。我父亲名叫克拉斯·埃克伦德，是一名经济学家。在我十岁那年，他受邀到纽约市发表演讲，并把活动主办方送给他的头等舱机票换成了三张经济舱机票，把我哥哥西格和我也一起带去了纽约。

即使多年后我写这本书的时候，仍然记得当时在肯尼迪机场接我们的那辆黄色计程车、车里收音机播放的雷鬼音乐，以及让人感觉像是身处热带的炎热天气。我坐在计程车的后排，摇下车窗，伸出脑袋去看越来越近的城市轮廓。

现在让时光倒流，十岁的我又坐在了那辆计程车里，而你就坐在我的身边。感受一下那热得发烫的塑料座椅，摇下车窗，吸一口纽约1987年秋天那甜蜜和充满希望的空气。让我们重温这趟旅程，只有你和我。

这座城市的霓虹灯和摩天大楼立刻吸引了我。我喜欢纽约，但它也有黑暗的一面，我可以嗅到危险的存在。黄昏时分，计程车带着我们经过时代广场。看着广场上让人眼花缭乱的霓虹灯，我惊讶得说不出话。成千上万的游客在拍照。一切都在提醒人们：这里是宇宙的中心。我一直认为，人生中总有某些令人印象深刻的东西，它们会永远留在你的脑海深处，并永久性地改变你的大脑构造。对我来说，到达时代广场是我的第一个重要时刻；第二个重要时刻是拿到我的第一张佣金支票；第三个重要时刻则是坠入爱河；我希望，我的第四个重要时刻是女儿出生那天。

我和父亲、哥哥一起爬上自由女神像顶部。凭栏远眺，看到河对岸灯火辉煌的不夜城。我现在还保留着当时在自由女神像上拍的一张照片。你可以看到，照片中的我极目远望，眼神中流露出了惊叹，仿佛在想象着未来的自由生活。当时，就在那个地方，我决定要成为这个城市的一分子，而且是非常成功的一分子。

参观结束后，我们乘渡轮返回岸边，轮船停靠在双子塔（纽约世贸中心）南边的金融区。就在这个时候，突然下起了瓢泼大雨，我们只能在没有任何遮挡的情况下跑出轮船，在一家牛排餐厅躲雨。这家餐厅有红色的皮质座椅，空气中弥漫着香烟的味道。"这简直和电影场景一模一样！"我心里在想，"将来我一定要回到这里，总有一天我会在这里定居。我要创造属于自己的人生！"

15年后，我终于实现了这个梦想，并把家搬到了曼哈顿。在那一瞬间，我有了一种无拘无束的感觉，觉得任何梦想都可以被实现。无论过去还是现在，纽约这座城市在我眼中都充满了魔力。在炎热的夏季，只要走在第五大道上，我就会感到无比兴奋。我抬头仰望那些摩天大楼，它们藐视地心引力，肆无忌惮地将触角伸向天际。它们就像是这个城市中所有满怀梦想的人，让人心中充满了力量。

## 从日薪40美元到年销售额5亿

初到纽约时，我和几个瑞典朋友在曼哈顿中城区37街合租了一间一居室公寓，它的正对面就是梅西百货公司。我在纽约举目无亲，但瑞典人有着某种共性：尽管我们会带着天真的想法离开故土，但会为自己的决定感到自豪。那段时间我确实很想念家人，但思念之情很快被另一个想法取代：我要在新的家园出人头地，现在就是我为自己创造未来的唯一机会,时不我待,我要行动起来。

我的第一份工作是在《大卫深夜秀》节目录制现场外售卖意式三明治,日薪40美元(还可以得到一份卖剩下的、干硬的意式三明治作为免费午餐)。我还在一家大酒店做兼职酒保,每周上三天班。我很擅长卖三明治,可这不是我在纽约奋斗的理由;我也不喜欢做酒保,因为这不是我的特长。也正是从那时候开始,我想从书中寻找答案,想找一本和你手中这本书类似的书籍,能够告诉我如何取得成功,如何发现和培养我真正的天赋。我找到了几本书,但它们要么年代久远,要么作者名不见经传。我需要的是一本当代知名作者写的、关于自我重塑和提高销售技巧的书籍。

我没有找到这样的书,但我的一位朋友却对我说,我的个性或许很适合做房地产销售员。于是,我在纽约大学报名参加了房地产销售人员速成班,并在两周后拿到了房产经纪人执照。那时候,我手上没有任何客户资源,也没有任何纽约人的联系方式或名片;我既不知道在曼哈顿下城区有一条唐人街,也不知道麦迪逊广场附近有一条莱克星顿大道。但有一件事是确定的:我对成功有着无尽的渴望。我上网浏览信息,查看纽约市最昂贵的公寓,并查阅了掌握这些房源的房产经纪人的个人履历。我幻想着有朝一日成为他们当中的一员,真正登上世界之巅。

如今,在全球竞争最激烈的纽约房地产市场,我已经成为最顶尖的房产经纪人。我手上有价值十亿美元的待售住宅类房产,它们分布在纽约和斯堪的纳维亚半岛(位于欧洲西北角)。美国没有哪个房产经纪团队能拥有比我们更多的资源。去年,我的纽约销售团队和瑞典销售团队一共赚得2 000万美元的佣金;而仅仅在上个月,我的纽约团队就赚了400万美元。这在纽约房地产历史上可谓前无古人。

在过去十年中，我个人在房地产市场上创造了超过35亿美元的销售额，完成前3个10亿美元销售额，我分别用了5年、3年和2年的时间。

然后，我仅用了去年一年时间，就完成了剩下的5亿多美元。今年，我有好几次在单月售出了上亿美元的房产。曼哈顿岛的宽度为3.2公里、长度为19.3公里，它是除了伦敦和东京以外财富最集中的岛屿。就在这样一个小岛上，我要和35 000名专业的房地产执业人士进行竞争。我已经卖出了25幢新建的住宅楼；而在纽约市，我拥有一个专门为美国东海岸最大的房地产经纪公司道格拉斯·艾丽曼公司（Douglas Elliman）服务的11人团队。

美国有100万名房地产销售人员；而在全球范围内则有超过2 000万人从事房地产销售工作。在这个行业中，我的团队是世界上最顶尖的团队之一。而在全球前十大房地产销售团队领导者当中，我是最年轻的。我在瑞典和挪威也设立了办事处，那里有50多名员工分别运作我的自主品牌"埃克伦德纽约房地产公司斯德哥尔摩分公司"和"埃克伦德纽约房地产公司奥斯陆分公司"。我还打算继续在芬兰、丹麦和英国开设分公司。

也许你还听说过在精彩电视台（Bravo）上演的热门节目《百万金豪宅》。这个节目曾获得过艾美奖[①]提名，它在全球110多个国家同步播出。在这个节目中，我、赖恩·瑟汉特（Ryan Serhant）和路易斯·奥尔蒂斯（Luis Ortiz）共同代表纽约市这个世界房地产之都的百万豪宅卖家，电视台对我们进行全程跟拍。"互联网电影资料库"（IMDb）网站形容我们这档节目"表现出了曼哈顿房产经纪人最无情

---

[①] 美国电视艺术与科学学院在电视节目安排、演技等方面有卓越成就者所颁发的奖项，是美国电视界的最高奖项。——译者注

的一面，因为他们完成数百万美元交易的速度比黄色计程车闯红灯的速度还快"。事实上我也这样认为。

我并不是为了吹嘘自己才告诉你这些。真正自我褒奖的内容稍后才会出现。我说这些是为了帮助你明白一件事：如果一个坐着捕虾船来纽约打拼的瑞典小男孩都能取得这些成就，那你也能做到。无论从事什么职业，你都能成为数一数二的顶尖人物。你我并没什么不同，也许你的英语说得比我还好，而且还比我多认识几个人。况且，你手里还拿着这本书，所以请大胆发挥你的特长吧。

我的经历证明，每个人都有机会展示自己的销售才能，排除万难，最终到达事业的顶峰。无论你售卖的是漂亮的鞋子、软件、书籍、房屋，或是提供法律服务、金融服务、保险服务或牙科服务，又或者是出售机票、金枪鱼或墨西哥玉米卷，假如你想有所成就，这本书就是你的必读之书。即使你的日常工作与销售无关，你还是需要这本书。只要你怀揣梦想、渴望在人生的旅途上超越自我，就会发现这本书有用极了。

## 既然总要有人出类拔萃，为什么不能是你？

我写这本书的目的，是为了帮助你发挥最大潜能，让你走向梦想的巅峰。在本书中，我不但要和你分享我成为销售大师的所有方法和经验，还要分享失败的教训以及我看待这个世界的独特方式。我希望这本书能让你开怀大笑、放声大哭；我希望你能做好读书笔记，并把你的领悟告诉朋友；我希望你在阅读的时候，能够把印象深刻的章节和段落标记出来，记下重点句子，当你某天遇到我时，我们可以展开讨论一下。但归根结底，这本书不是关于我的，而是关于你的。

在你的身上，本来就有着成为销售大师的天赋，我只是通过这本书来激发你的天赋而已。这个过程就像是按下一颗小小的引擎启动"按钮"。每个人身上的那颗"按钮"是不同的，因此你首先要找到自己的"按钮"。一旦你的引擎开始启动，它就不会停下来。你已经找出那个"按钮"了吗？你是否害怕按下它？我可不害怕，我已经迫不及待地想和你一起开始这段旅程了。让我来把你变成一位家喻户晓的成功人士吧！

自我推销正在成为一股潮流，它就像当年的淘金热，而这本书就是你用来淘金的"镐头"。如果你不能时刻推销自己所拥有的东西，就无法为自己和所爱的人创造更美好的生活。无论年龄大小，只要生命不息，销售工作就永远不会停止。相信我，现在我也许在卖百万豪宅，可当我年纪大了、住进敬老院之后，我就会用我的销售技巧说服护工多给我一些巧克力曲奇饼。

这并不是一本老生常谈的销售类书籍。这本书不会告诉你如何假惺惺地讨好客户、催促客户下单。在21世纪，这种老掉牙的销售技巧已经没用了，它们就像是盒式磁带一样古老。在过去5年里，世界发生了翻天覆地的变化，现在你应该扔掉所有过时的想法，顺应潮流，与时俱进。

在接下来的章节里，我要把我的销售秘诀告诉你，并和你分享寻找真我的技巧，从而让人们喜欢你，并购买你所推销的产品。我之所以用"秘诀"这个词，是因为直到今天，我从来没有和其他人分享过它。曾经有很多人问我："你的销售秘诀是什么？"我每次都笑而不语。而我之所以用"技巧"一词，是因为在无数的媒体访问中，记者们总想知道我取得成功的"关键要素"，我给他们所有人一个标准化的答案，与我前些年接受《纽约时报》采访时说的答案一样，那就是"比别人更努力"。尽管这句话有一定道理,但它不是真正的技巧。我会在本书中告诉你真正的秘诀和技巧是什么。

本书每一章节的内容都有助于你更迅速地找到真我、建立良好的人际关系、建立信任感和掌握说服的技巧。我把这本书分为三大部分。

在第一部分你将学会:

- ◆ 接受真实的自己,并与全世界分享你的想法;
- ◆ 明确你的个人动机;
- ◆ 进入角色;
- ◆ 让自己更具吸引力;
- ◆ 努力工作、合理饮食、保持充足睡眠;
- ◆ 培养幽默感和魅力。

在第二部分,我会逐步地给你一些指引,教你学会以下方法:

- ◆ 寻找你的目标客户;
- ◆ 精心构思完美的推销词;
- ◆ 谈判协商,争取最大利益;
- ◆ 达成销售,获得回报。

接下来,在第三部分,我要告诉你如何做到以下几点:

- ◆ 结交朋友,建立你的影响力,让他们想与你合作;
- ◆ 堵住媒体的嘴;
- ◆ 知道在扩大交际范围的时候需要些什么;

◆ 不惧挫折；

◆ 吃饭、祈祷、数钱！

　　现在，你要问自己一个问题："我想在生活和事业上取得更多成就吗？我想过上富足美满的生活吗？"

　　如果答案是肯定的，那就让我们做一个重要的约定吧：既然茫茫人海中，总要有个人出类拔萃，那这个人为什么不能是你或我？因为我们完全配得上这个称号。我想，你我对这一点都没什么异议。

# 无论卖什么,你才是品牌

第一部分

THE SECRETS OF SELLING ANYTHING TO ANYONE

无论你在卖汽车、写博客、做广告或沿街叫卖热狗,你自身就是一个品牌,也是一件产品。千万不要忘记这一点。想取得成功,你必须学会建设你的品牌,并利用你的人格魅力销售产品。当你了解自己,并且让别人知道你是谁的时候,就一定能实现你的目标。

如果你不了解自己的优点和缺点,也没有意识到自己喜欢什么、厌恶什么,不知道自己能做什么、不能做什么,那就好比开着一辆没有汽油的车。你可以随心所欲地踩油门、打方向盘,但车子就是原地不动,哪儿也去不了。

第一部分的每个章节都会帮助你寻找真正的自我,找到前进的最大动力,并帮助你完善个人风格,让你变得更自信、准备更充分、更富有热情和魅力。只要你做到这些,所有人都会爱上你。

# 第 1 章

## 做真正的自己

### 先寻找自我，再谈销售

我们现在就出发了！很高兴认识你，我叫弗雷德里克。此时此刻，请你环顾四周，看看你所站的位置，你正存在于这个世界上，追求着你的目标。恭喜你，你保持了自我。你很出色，你命中注定要成为某种人，而且你正在一点点发生改变。假如今天还没有人对你说"我爱你"，那我会对你说："我爱你。"

你可以用自己的魅力、智慧、真诚、幽默，以及外表去和别人打交道，而如何运用这些特质与人交流，不但决定了你是否能说服和鼓舞他们并给自己带来信心，还决定了你能赚多少钱。无论你在向唐纳德·特朗普[1]推销一个价值20亿美元的房地产开发项目，还是向一位时尚杂志编辑推销你的新设计，抑或是在"和谐网"[2]上贴出自己的简历，你都要学会高效地推销自己。

不管你的身份或职业是什么，你每天都在推销自己。你就是自己的品牌和产品。在做交易的时候，你必须了解自己的产品，

---

[1] Donald Trump，美国知名房地产商，被称为"地产之王"。——译者注
[2] eHarmony，美国最大的婚恋交友网站之一。——译者注

但更重要的是你要了解自己，知道自己能给客户带来什么。人们相信真实的东西，所以千万别想蒙骗别人。就算有再多钱、再大的成就，也不值得你拿声誉去冒险。

## 让人们了解你

忠于自我的信念不但拯救了我，也成就了我。

高中毕业后，我申请就读斯德哥尔摩经济学院。它是欧洲最著名的商学院之一，每年都有成千上万个人想到这所学校读书，但只有300个录取名额。很幸运，我在300人之列，但坦率地讲，我并没有因此而产生任何类似成就感的良好感觉。

学校里都是年轻人，大多数人来自富裕家庭，而且极富竞争意识。他们衣着光鲜地参加各种晚宴，好像每个人将来都注定要成为银行家。在参加新生训练营的第一天，摩根大通银行和高盛公司派代表来给我们做培训，他们还给在学校礼堂里听演讲的学生带来了三明治。可无论对那些三明治还是他们所描绘的未来，我都毫无兴趣。这所学校就是一家银行机构。教学楼大堂的地板由大理石铺就，天花板的布置是天主教堂的风格。每当我从大堂走过，都感觉自己不想花四年半的时间熬到毕业。我想过一种更有活力的生活，走出这幢教学楼，去享受阳光，去做一些我想做的事。

最让我无法忍受的是大学第一个学期的统计学课程。在课堂上，老师讲的全是方程式和图表，所有学生都要一动不动地坐好几个小时，乖乖地做笔记，而我所能做的就是心猿意马。

我不是那种可以静坐不动的人，直到今天，我都无法在一个地方坐太久。当时我就那么坐在教室里，眼睛盯着窗外，心中思考着一个问题：假如我现在看到的是帝国大厦，而不是在凛冽的秋风中万物凋零的学校花园，那将是一种什么感觉？

就在我意识到斯德哥尔摩经济学院不适合我时，一个朋友给我介绍了一位名叫玛丽亚的女孩。她打算成立一家互联网公司，专门出售客户关系管理软件。那时候，网上购物模式还处于萌芽阶段，在大众消费群体中还没有真正流行起来。玛丽亚想解决网络购物中人情味欠缺的问题，给网购者配备一个虚拟助手，负责回答客户提出的问题，并辅助客户完成付款。这可以说是 Siri①的前身。

玛丽亚需要找一个能干而且有上进心的人帮她筹集启动资金。我和她一拍即合。在那年夏天，我和玛丽亚在商学院的计算机房里起草了一份商业计划书，然后着手寻找愿意为我们的新公司提供资金支持的投资者，也就是所谓的"天使投资人"。我们花 50 美元买了两张学生打折机票飞往巴黎，与潜在的投资者会面。在巴黎，我们住在玛丽亚高中朋友的家里，晚上就睡在沙发上。最终，我们成功地卖出了未来公司 50% 的股权，带着 100 万美元风投资金回了家。也正是在那个时候，我决定不再回学校上学了。

我先从学校退了学，然后才告诉父母我不想继续读书。父亲要求我继续完成学业，他告诉我大学教育能让我终生受益，我在大学里学到的东西就是我的资产，别人永远都夺不走。我对他说："我的人生是属于我自己的，统计学教授也永远夺不走它。"我的同学都觉得我疯了，他们说我正在犯下有生以来最大的错误，而我则告诉他们，来日方长，我会证明他们是错的。我和他们一一拥抱道别，并祝福他们在求学的道路上一帆风顺。

---

① Siri 是苹果公司在其产品 iPhone4S，iPad 3 及以上版本手机上应用的一项语音控制功能。——译者注

那时候，瑞典的创业风气正浓，这个国家在这方面向来走在世界前列。来自旧商业世界的成功人士正在想方设法搭上这趟新经济快车。他们深知，在这场高科技产业竞赛中，他们需要找一匹"快马"，否则他们就会被竞争对手抛在身后。他们想在科技前沿领域与一些年轻、聪明的科技人才合作。我父亲担任过瑞典政府的演讲稿撰写人，他手上有瑞典前任首相卡尔·比尔德（Carl Bildt）和几个富商的电子邮件地址，这些富商很有权势而且为人高调。他把这些资料都给了我。

我并没有担心自己是否人微言轻，直接给比尔德先生和其他四五位名人发了电子邮件。这封邮件只是说我们准备在什么时候、什么地点创立一家有趣的互联网公司，而且我们知道对方也不想错过这样的盛事。为了这一天的到来，玛丽亚和我特地租了一间会议室，并准备好一份介绍公司的幻灯片，用图表告诉人们这家公司将来会多么值钱。

在公司成立大会那天，我们邀请的名人悉数到场。当熟人相见的时候，他们意识到自己根本无法（或不应该）拒绝我们的入股请求。我们赠予他们每个人一小部分公司股权，作为交换，我们可以在公司宣传中提及他们的名字，使用他们的肖像，并借鉴他们的经验。与这些位高权重的人产生关联，借助他们50多年的从政经验和经商头脑，让我这个年仅20岁的创业者顿时威望大增。

两年后，公司有了50名员工，我们开始感觉自己无所不能。按照先前制订的商业计划，我们要成为全世界排名第一的客户关系管理软件公司。我们的新公司Humany.com将与甲骨文公司[①]展开较量。我不但是公司的CEO，而且是全公司最年轻的员工。由于卡尔·比

---

[①] Oracle，全球最大的企业级软件公司，总部位于美国加利福尼亚州的红木滩。2013年，甲骨文已超越 IBM，成为继 Microsoft 后全球第二大软件公司。——译者注

尔德是公司董事，借助他的影响力，我们登上了瑞典多家杂志的头版头条，甚至还上了英国的《金融时报》。此时的互联网产业方兴未艾，新经济时代正在到来，瑞典媒体给我冠上了"IT 神童"的称号，把我的照片放在了流行杂志的封面上。在那张照片中，我穿着一件夏威夷衬衫，笑容满面地站在前首相的前面。

我没日没夜地工作，无暇分身去考虑其他事情，曾经想到纽约安家的狂野想法也逐渐沉寂了。人们说我是完美的创业者，新闻媒体称我为"冒险家""积极进取的商人"以及有着"强烈直觉"的"强硬谈判专家"。最初，我推销的只是一个想法；然后，我开始推销一家还没有成立的公司；最后，我又向人们兜售一款还没有面世的软件。可当我们的软件真正制作完成的时候（还没实际投入运行），互联网泡沫就破裂了，我伤心欲绝。我觉得很累，也很困惑。大部分类似的初创企业陷入了破产的境地，我们也不例外。我和玛丽亚的合作关系也在此刻开始瓦解，我们开始为一些芝麻绿豆大的事争吵不休。

随着千禧年的到来，我进入了人生第 23 个年头，此时距离 Facebook 和 Twitter 两家公司成立还有很多年。互联网泡沫来得太快，我的公司既要快速发展，又要盈利，两种压力相互矛盾又同时作用，投资者和媒体都在迫使我们追逐更多利润，否则我们只能宣告破产。

我记得那天我坐计程车回到玛丽亚和我合买的公寓，走进我自己的房间，独自一人号啕大哭。我之所以哭，是因为我已经疲倦不堪，而且已经预见到公司破产的结局。我心中产生了挫败感，一切都来得太突然。世界正在崩塌，公司这么多员工（还有他们家庭）的未来掌握在我手中，而我竟不知如何应对。

那时候，"失败"对我来说是一种全新的经验，我还没有明白一个道理：如果你想取得巨大的成功，那失败就是不可避免的（后来我对此有了更多的认识）。和许多面临同样局面的人一样，我只是单纯地认为自己再也找不到另一个翻身的机会，永远无法摆脱这种困境。但现在的我已经意识到，所有人都是成功和失败的结合体，就像快乐和痛苦一样，离开了其中一个，我们就永远无法了解另外一个。

俗话说："靠天不如靠人，靠人不如靠己。"我把原始股份全部卖掉，退出了公司。为了追逐我的梦想，我做了一个非常艰难的决定，离开公司、家人和祖国，独自一人前往纽约。

在我离开之前，我觉得要再做一件事。我要让朋友和家人知道真实的我，也就是向他们宣布我要"出柜"[①]。我和女友西蒙妮提出了分手，这让她大为震惊。然后，我鼓起勇气告诉我的哥哥、母亲和朋友，我只对男生感兴趣。

几个月后，当我再次坠入爱河时，才把这一事实告诉了父亲。那天晚上，我和父亲在他刚买的夏日度假屋里享用了美味的晚餐，他问我能否帮他把垃圾丢进路边的垃圾桶。我非常紧张，但屋外一片漆黑，我根本看不到他的表情。而且在吃晚饭的时候，我们喝了一点葡萄酒，在酒精的作用下，我稍微放松了一点。我对他说："爸，我又谈恋爱了。"他问我女朋友叫什么名字，我对他说："是男朋友。"他顿时沉默不语。然后他对我说："弗雷德里克，你是我儿子，我永远爱你。无论是男是女，只要你喜欢就行。"事实证明，我的家人和朋友都很支持我，无论别人怎么看，他们都一直爱我。

如果不是在个人生活和事业上追求真我，我现在就不会写下这些文字。在去美国的前6个月里，我先是退出了公司，公开"出柜"，

---

[①] Coming out，主要是指同性性倾向、双性性倾向的人公开性倾向，以及跨性别者当众公开自己的性别认同。此语来自于"橱柜里的骷髅"（Skeleton in the closet），意思为"家丑"，英文中 the Closet 被引申为"不可告人"的意思。——译者注

并最终离开了瑞典。我承认，那段时间过得很艰难，但我用一种轻松的心态接受了这一切。这段经历让我领悟到一个道理：假如把事情想得太困难，我们就不会着手去做，可一旦做了，就会有一种像是从飞机上跳下来的解脱感，真正的阻力只来自于我们自己，来自我们对未知事物的恐惧。我们要尽可能真诚地活着，纵使要作出转变，我们也要追寻自己的梦想，做真实的自己。这才是我们要选择的道路。

在登上前往纽约的航班时，我的兴奋很快被忧虑所取代，内心变得忐忑不安。我在想：我的决定是正确的吗？我会从失败中振作起来吗？我如何在一个举目无亲的城市里从头开始？我把这些疑虑都抛在一边，扣好安全带，准备起飞。除了努力打拼，我别无选择。我不会在失败后夹着尾巴灰溜溜地回来，我要让所有人（包括我自己）感到骄傲，我必须这样做。

## 让别人看见货真价实的你

经历了生活的艰辛之后我才明白一个道理：要拥有成功和幸福的人生，我们首先要做真正的自己，向别人展示我们真实的个性。不过说起来简单，但真正要付诸行动就是另外一回事了。请注意，一般来说，你犯下的最大错误就是埋没自我，因为你会担心别人不能接受真实的你。千万不要被这种想法迷惑。假如你不敢说实话，不敢开诚布公地与世界分享自己，你会因此付出极大代价。很多人千方百计地隐藏自我，因为他们担心自己没有成为别人心目中应该成为的那个人。把这一切想法都清除吧，你应该做回真正的自己。

很多人并没有用才华去追逐梦想，而是任由自我怀疑和不安全感控制自己。也许你缺乏经验，但你仍然可以做一个独一无二的人。不要拿自己和别人进行比较。你要知道,也许你没有别人所拥有的东西,但你拥有自己,这就足够了。你一定要清楚自己是什么样的人,并把你的强项发挥出来。

也许你是一名来自伊利诺伊州首府斯普林菲尔德市的女演员,准备参加好莱坞的面试;也许你是一名创业者,正在游说一家风投公司投资你创立的企业;又或者你和十年前的我一样,充满了创业激情和野心(这的确是很可怕的东西),在没有任何房地产从业经历和本地客户资源的情况下,在异国他乡从事着房地产销售工作。无论哪种情形,你所面对的最大挑战就是让人们信任你,而归根结底,信任只来自于一样东西:真相。

如果你要人们信任你,相信你所说的话,你就必须相信你自己。请理直气壮、满怀信心地融入这个世界,做真实的自己,让别人了解你。当别人想了解你的时候,请和他们分享你的故事,完全释放出你的人格魅力。

请凝视镜中的自己,是什么塑造了真正的你?你必须找到答案。因为它是你力量的源泉。

是什么塑造了真正的我?我来自欧洲,拥有顽童般的幽默感和熟练的社交技巧,还有许多有趣的业余爱好,比如烹饪、摄影,以及照料我的两只宠物狗。无论你有哪种特质和爱好,当你在和顾客、上司、爱慕对象或任何一个你想向他出售产品、服务或推销自己的人打交道的时候,这些特质和爱好都是你的"子弹"。在职业生涯早期,也许你所拥有的唯一资本就是你的个性。

我们都犯过同样的错误:由于害怕面对自我而选择逃避。

刚到纽约上班的时候,我总是觉得很紧张,假装在办公室里的那个人不是自己。我还觉得办公室不适合开玩笑,而如果我做出标志性的、能引起别人注意的高踢腿，并发出"呜"的一声大叫，那我百分之百会被解雇。我认为自己应该隐藏起身上的瑞典传统，而且讲话不能带瑞典口音，因为我担心客户会认为我刚从欧洲来到美国，对美国的房地产市场一无所知。

其他人能觉察到我的紧张和不安，像是鲨鱼能嗅到血腥味一样。如果换作男女间的初次约会，这种事情也许倒挺有趣的，但当你在生意场上要求别人相信你，或者你要为别人做出重大财务决策的时候，这种感觉就没有任何帮助了。**要克服紧张感，就必须做真实的自己。这是本书的第一个秘诀。**

你可以打破冷场，讲一些笑话、做一个高踢腿，赠送客户几张纽约洋基队、洛杉矶道奇队或圣路易斯红雀队（皆为美国棒球俱乐部）的比赛门票，称赞客户穿的那双亮晶晶的高跟鞋，与你的买家击掌相庆，或者跳到第五大道的中央，让过往的车子停下来，高声呐喊："我爱纽约！"一定要大声喊出来，就算声音有点奇怪也不怕。

这些事情我都做过，建议你至少也要做一次。你还可以把你的某段人生经历告诉客户，或者把你的目标或梦想告诉上司，让他和你共创辉煌。只要能展现真实的自己，做任何事情都行。千万不要沉默不语或闷闷不乐。**与其因为过于沉默寡言而被客户遗忘，还不如做一些出位的举动，让他们永远记住你。**

人们总会原谅你的古怪行为，他们甚至还会崇拜你，但如果你是个"闷蛋"，就算他们留意到你，也不会理睬你。你肯定听说过"摆脱思维定势"这句话。我并不是叫你做一些出格的事情。我的建议是，你可以做一些奇怪的事情，但一定要表现出创意。找到你的与众不同之处后，只需稍微打破常规，就能登上职业生涯的顶峰。

如果你不相信我的话，不妨考虑一下房地产行业所发生的事情。

在美国，每年都有成千上万刚获得执业证书的销售员进入房地产行业，而只有少数人能成为赢家。巨星级别的房产销售员都是些疯狂且快乐的家伙，而不是那些墨守成规、愤世嫉俗的老顽固。他们不会被客户遗忘，就算交易已经达成，客户仍会记得这些有个性的销售员，然后给他们介绍更多生意。

无论你从事的是哪方面的工作，也无论你想做什么样的尝试，你都要做真实的自己，不要用别人的成功标准束缚自己。越早做真实的自己，就能越快地取得成就。因为人们喜欢和那些内心快乐、无拘无束的人打交道，耳濡目染之下，他们也会变得快乐无比。那是一种美好的感觉，美好到能冲破一切阻力。

## 跟悲伤的过去说再见

我知道，你经历过挫折和痛苦，忍受过许多不公平对待。人们经常拒绝你，次数多得以至于让你只想躺倒在床上，用一些毛茸茸的东西（比如我的爱犬"小弗里茨"和"小老鼠"）遮盖住自己，就这样待一辈子！

既然这个世界拒绝了你，那让我花点时间对你说："我接受你。"

人生是由两部分组成的：10%是已经发生在你身上的事，90%是你对这些事的反应。你对各种局面的反应要么让你乐观前行，要么让你举步维艰。现在是继续前进的时候了，我邀请你走进"弗雷德里克心理动力学校"，在这里，我们要一起寻找我们的精神生活与外界之间的关系。你愿意加入吗？

让我们先谈一谈你的童年，也就是四岁时的你。看到了吗？坐在那边的就是小时候的你。你长得太可爱了！你从哪弄来的那件外套？

# 第1章 做真正的自己
先寻找自我,再谈销售

简直太漂亮了!你是个非常有趣的人,全身充满了活力。你在院子里轻快地蹦蹦跳跳,脸上洋溢着天真的笑容。你喜欢在浴缸里大声唱歌,你喜欢"咯咯"地笑,老师说你是一个令人惊叹的艺术家。你家卖柠檬水的小摊生意总是很好,因为人们都喜欢去找你玩,顺便来一杯柠檬水。

现在,让我们思考一下:那时的你和现在的你有何不同?人们是否骂过你,伤害过你的感情?你是否被爱人抛弃过?你那些亦敌亦友的朋友是否曾让你哭泣?你的父母是否反对过你搞艺术,而要求你去做医生?你是否放弃过梦想,委曲求全?其实,我们所有人都经历过这些事情。

我照顾着"小老鼠"和"小弗里茨",而它们也照顾着我。
每当全世界都对我说"不"的时候,它们用眼神接纳了我。

我要给你讲一个故事,这个故事我从来没告诉过任何人。我有一双天蓝色的眼睛,而且睫毛很长。十四岁时,校园里那些年纪比我大的男同学开始取笑我,说我长了一双"女孩子的眼睛"。他们会用正处于变声期的嗓音对我大声喊叫:"快看他!他的眼睛长得真娘们儿!"我很害怕在校园里遇到那帮男生,于是有一天,我回到家里,用妈妈的指甲剪剪掉了眼睫毛。妈妈问我是不是不小心把睫毛烧了,我只能一个劲地点头。我觉得很羞愧，不敢告诉她为什么我要做这样做。我想弥补自身存在的问题，但实际上，这个问题并不存在。

接下来，我要告诉你关于我的眼睫毛的另一个故事。上周，我约了当红歌星詹妮弗·洛佩兹去看一套价值 2 000 万美元的豪宅。我们站在豪宅的阳台上，将曼哈顿的繁华美景尽收眼底。阳光照在我的脸上，有点刺眼，这时她突然转过身，朝我走近一步，说："你有一双世界上最蓝、最美丽的眼睛。"这话让我想起了当年那帮瑞典小男生，我终于原谅了他们。虽然我的爱人每天都对我说这句话，但不知为什么，当这句话从詹妮弗·洛佩兹嘴里说出来，才让我觉得这个故事画上了一个圆满的句号。

我们要懂得放手，不能沉浸在过去的伤痛中无法自拔，不能总是紧紧抓住过去的错误、失败和痛苦不放。你现在已经成功地摆脱了过去，完好如初。现在的你就是最初那个未被世人伤害过的你。

毕加索曾说过："**每个孩子都是天生的艺术家，问题是怎么让他们在长大后仍然保持这种天赋。**"请思考一下这句话的含义。在我看来，这个问题的答案就是：千万别长大！当我们还是小孩子的时候，我们拥有惊人的天赋，生活多姿多彩，我们古灵精怪、调皮捣蛋。可是长大后，我们一生都要面对别人的嘲笑、蔑视和讥讽。这个社会想让我们与它融为一体，让我们变得和其他人一样世故无聊。结果呢？我们真的变成了无聊乏味的人。

那我们是否要表现得很花哨或行为古怪，才能显得我们很成功呢？我并没有这样说。但有一点是肯定的：你要找到自己与众不同的地方。即使你的性格并不外向，也能让自己变得富有激情、风趣幽默。如果你真的认为自己是个无趣的人，那我们来探讨一下。你以前不是个无趣的人，对吧？回忆一下你的童年，它曾是那么的丰富多彩，充满了欢笑。还记得你在玩变形金刚或芭比娃娃时的那股兴奋劲儿吗？还记得你在用沙子盖城堡、用发梳当麦克风唱歌时无比激动的心情吗？还记得你骑自行车四处闲逛时的快乐吗？我们不需要重新去做那些事情，但要重新体验做那些事时的喜悦心情。成功的关键在于回到童年，找到最初的自己。那时别人都围绕在你左右，那时你是如此真实、快乐、无忧无虑。

有一位智者说过："幸福总是短暂的，但快乐是永恒的，而爱就是在世间发现快乐。"我忘了是谁说的这句话，或者这纯粹是我臆想出来的。如果这话真是我发明的，我倒觉得很光荣，因为只要你成为真实的自己，在你所做的事情中找到快乐，并弄清楚自己是怎样的人，就没人能剥夺你的快乐。

不知道怎样回到过去吗？看看小孩子们在做些什么吧。看着他们开心玩耍或吃冰激凌，就像凝视着天使的脸庞。小孩子开心玩耍是天经地义的事，但突然间我们变成大人了，所有的乐趣便随风而去。成长就是一个螺旋式下降的过程，让我们陷入极度无趣的漩涡中。你可以为自己缺失的东西难过，也可以为自己拥有的东西快乐，决定权在你手里。

幸运的是，你可以选择在任何时候重新开始。所以，在"弗雷德里克精神动力学校"，我们要拿出橡皮擦，把过去那些看不起我们的人，对我们说"不"的人，还有那些因为我们追求个性而惩罚我们的人统统从生命中擦掉。如果你愿意，拿出一张纸，用铅笔写下那些冒犯你的人的名字，用橡皮把他们擦掉；如果你想更痛快，可以直接把名字划掉，用力地划。他们已经成为过去时，在你的生命中无足轻重。

现在跟我转个圈，来个"月球漫步"，在房间里欢快地蹦几下。你要让自己重新快乐起来。我所认识的伟大创业者都是长不大的孩子，当然，我也算一个。现在你要做的是找出你身上那个淘气的孩子，让他骑在你的肩膀上。那个疯狂的"小孩"是你新组建的梦之队里的第一个成员。让年轻的"你"尽情地发挥创意，你的工作就会更加多姿多彩。

做到这一点，你的生意肯定会蒸蒸日上。还会有什么更糟糕的事呢？让我想想。你开始享受人生了吗？如果你不能做真实的自己，就是在浪费时间和生命。是的，你的日子过得还凑合：工作很努力，但收入微薄，你没有非常享受这份工作。随着年纪越来越大，你身心疲倦，内心充满了苦楚。坦率地讲，这世上已经有太多内心苦楚、平庸无奇的"老家伙"，他们整天都在扮演别人，只有在每晚睡觉前才能卸下面具。

**找出真实和独特的自己，这是掌握销售这门艺术的不二法门。**

## 卸去伪装，做真实的自己

你打算怎么做呢？如何才能找到真实的自己？又如何表达真实的自己？对许多人来说，这并不容易做到。别灰心，你可以通过以下五个简单的步骤寻找真我。

1. **审视内心**。当今社会，每个人都想在社交媒体上证明自己有多么幸福和成功。有时我们觉得人生就像一场大规模的竞赛，但从某种意义上讲，人生是一场一个人的长跑赛，对手就是我们自己。我们独自起跑，独自前进，独自跑过终点线。仔细想想，你会发现这是一件很美妙的事情。做生意的第一条原则就是"了解你的竞争对手"，而在你的人生长跑里，你首先要了解自己。

你如何形容自己？你是个风趣的人吗？你有同情心吗？你有特殊

才能吗？你会变戏法、看手相或打响指吗？你是一个出色的舞者吗？你有擅长的体育活动吗？无论你擅长什么，都要把它发挥到极致。充分利用你的特长吧，不要害怕向别人展露你的才能。你要不断强化自己的特长，让其广为人知，经常把它拿出来炫耀，人们会因此爱上你，真正的你。

**2. 建立你的招牌标识。** 人猿泰山的标志性动作是他的吼叫；说起克里斯提·鲁布托①，人们就会想到他设计的红鞋底；而我的招牌动作就是高踢腿。这些招牌标识让我们与众不同。接下来，我要告诉你高踢腿的由来：我在14岁时自创了这招。因为我生长的速度实在是太快了，以至于每天夜里都会因为双腿难以忍受的"生长痛"而突然醒来。我在两年内就长高了约30厘米，这相当反常。我的一双大长腿占据了整个身体的大半部分。每次和奶奶见面，她都不能一下认出我。所以我自创了一招高踢腿，希望用这样的方式把奶奶逗乐，同时让她永远记住我。这个方法非常奏效。如今，我的招牌高踢腿让每个人都记住了我。

你的特长是什么？你有招牌标识吗？你的招牌标识一定不能让你感到不自在。即使它是一件很小的物件，比如一枚滑稽的胸针、一双格子毛呢袜，或者是一块口袋方巾，你也要把它找出来，让它变成你的"广告牌"。你需要它，它能让别人记住你，以后就算你在睡觉，这个招牌标识也能继续发挥作用。因为别人会模仿你，让你被更多的人知道。我曾经建议我的生意伙伴约翰打粉色领结，但他说讨厌打领结，但喜欢穿粉色衬衫。

**3. 不要在意别人的看法。** 不要想着取悦他人，也不要活在别人的眼中，这样做只是徒劳。我经常对我的团队说："你们可以骗人一时，

---

① Christian Louboutin，法国高跟鞋设计师，红鞋底是他的招牌。——译者注

却无法自欺一世。"在晚上入睡前,你要知道真正的自己是什么样的。如果你不能真诚地面对自己,总想为了取悦他人而改变,自然会感到很难过。因为就算得到别人再多的认可,你也不会认可自己。

你要坚守自我,因为大多数人已经"沉沦"。这些已经"沉沦"的人会乐于围绕在你身边,他们迟早会爱上你。或许这需要一点时间,但等待是值得的。我认识很多成功人士,他们确实很喜欢隐藏自我,但我知道他们内心很空虚,因为那些成功不属于真实的他们,而是属于他们身体里另外一个人。

美国金融家、股市投机大师伯纳德·巴鲁克说过:"做真实的自己,说出你内心真实的感受,因为那些介意的人对你并不重要,而对你重要的人则不会介意。"你生来就要做你自己,不要让别人对你指手画脚。你已经十分优秀,一旦你意识到这一点,身边的人也会跟你一样意识到。至于那些充满嫉妒心、无休止地唱反调的人,就随他们去吧,没必要在乎他们的看法(但这种人还是有用处的,这一点我们稍后再讲)。

4. 了解你的人生动力。什么会让你微笑?什么会让你感受到爱?你喜欢挑战吗?你喜欢和别人一起做事吗?你希望你的工作给自己和别人的生活带来积极的影响吗?你的梦想是什么?心理学家说,人类的三大动力分别是"成就需求""亲和需求"和"权力需求"。你要确定哪几种需求最能让你在早晨起床时感到兴奋,这将有利于塑造一个成功的人生。

我的动力当然是"成就需求",我一生都在追求成功,而我也确实实现了我的目标、甚至取得了令人骄傲的成就。我对"权力需求"并没有特别青睐,且对"亲和需求"最不感兴趣,因为我从来不想加入任何俱乐部或社团,也不想成为任何组织的一员。我是一个独行侠,喜欢独来独往，好打抱不平。那么，你的动力是什么？

**5. 坦然面对失败**。在一个高度竞争的社会里，我们必须面对现实，像庆祝胜利那样勇于接受失败。以我为例，我也接受了互联网创业的失败，而且我必须承认自己犯过很多错误。你要勇敢迈出那一步，用中国道家"阴阳相成"的哲学观点来看待得与失。用开放的心态接受成败，并勇于将自己成功的经验或失败的教训告诉别人，正如现在我与你分享我的故事一样。

假如你一直在做真实的自己，那你完全可以在前一天晚上安然入睡，然后第二天早上起床去征服全世界。这是我以前参加电视节目时学到的经验。我愈发表现出真实的自己，就能愈加坦诚地面对我的失败感和不安全感，并收到别人更多的关爱。

我曾在电视节目上饱受羞辱，经历了内心的痛苦挣扎，但最终我接受了这个现实。我先是大哭了一场，然后便放开手，让一切随风而去。对我来说那是一段难得的经历。我不再是电视屏幕上那个光鲜亮丽、被人们所喜爱的弗雷德里克，而是成为了真正的自己。我放下了无谓的抵抗，坦然接受了这一切。

让我用一个极端的例子来说明如何做真实的自己吧。我要和你分享我的另一条销售经验。当我与那些社会名流合作时，就更加意识到做真正的自己是多么重要。名人有金钱有地位，他们根本不关心你是什么职位、名片上印什么头衔，更不关心什么数据和报告。他们会忽略这些信息，或者交由他们的经纪人来处理。他们有一种先入为主的观念："既然我想办法找到了你，或你想办法找到了我，那么你一定是这个领域的佼佼者。而既然我是某个行业里的顶尖人物，那你也必然是最优秀的。"

名人们每时每刻都要面对自己的"粉丝"，说一些言不由衷的话，满足"粉丝"们的异想天开,所以真实对他们来说尤为可贵。每个人在名人身边都会紧张,但你必须要表现得像他们可以信赖的朋友,展现出你的自信和非凡魅力。只有这样,他们才愿意和你打交道。

如果一位名人看着我,想着和我共进午餐,这就意味着我赢得了他的信任。人们想和真实的你,而不是戴着面具的你吃午餐。我向很多名人推荐过房产,包括莎拉·杰西卡·帕克、金·卡戴珊、米克·贾格尔、杰西卡·阿尔芭、希拉里·斯万克、吹牛老爹等。当我第一次见到这些名人时,就一直保持着真实的自己,当然也会在他们面前表演高踢腿。

有一次,我和莱昂纳多·迪卡普里奥握手后,就在他的保镖和随从面前,甚至是在街对面遮遮掩掩的狗仔队面前来了一个高踢腿,露出我的彩色袜子和尖头皮鞋,并大叫一声:"呜!"我敢说,莱昂纳多当时肯定认为我疯了。但他同时也在想:"这家伙这么自信,那他一定能跟所有人都合得来,我欣赏他!"表演完这个高踢腿后,我恢复了双脚站立的姿势,整理了一下外套和凌乱的头发。隔了约一秒钟,才一本正经地对他说:"我可不是浪得虚名。"你猜怎么着?这方法奏效了,并且屡试不爽。

我一直对我的团队说:没人想和一个沉闷无聊、胆怯、自暴自弃的人合作。我当然也不喜欢这样的人。在这个行业里,每一笔交易都涉及大笔资金,马虎不得。买房子是客户人生中的一个重要的经济决定,如果客户不喜欢经纪人所效力的公司,他就会转身走开。我知道这个道理,所以宁愿自己去卖房子,也不愿和那些缺乏销售技巧、性格沉闷的人合作。

当我要买一辆车、一杯咖啡,甚至去理一次发时,都会遵循这个原则。我们都希望身边围绕着优秀的人,每当要买某件东西时,我希望站在面前的人拥有足够的自信、幽默和属于他自己的鲜明的个性。

找到真实的你,然后向别人推销自己,除此以外一切都是徒劳。接受真实的自己,为自己鼓掌。只要你做最好的自己,人们就愿意和你做生意。恕我直言,人生本身来就是一场"人际生意",全世界的成功人士都是属于对这个社会高度适应的人群。

我们应该满怀信心地走进一个客户家里时,保持真正自我的同时,还要留意房间里其他人,并说服他们购买我们的产品;我们应当能觉察和理解他们的行为与情绪,领会他们的话语,并通过他们的肢体动作了解他们的想法;我们还应该理解他们最迫切的需求、最想实现的愿望和梦想,并与之产生共鸣。我在后续章节里会告诉你相关的社交技巧,学会了这些重要技巧,你就可以参加任何社交活动。结交大批新朋友。而在这些人中,有些会成为你的客户或挚友。

如果你知道自己是什么样的人,你就能做到少说多听,逐渐建立他人对你的信任,并能与各种人相处。无论他们收入高低、年龄大小、是男是女、拥有什么样的文化背景,你都能以恰当的方式和他们打交道。这是因为:当你成为了真实的自己,人们就会记住你、谈论你,甚至夸奖你。这就像把一颗石头扔进水里,涟漪会不断扩散。

# 第 2 章

## 你的人生动力是什么
### 找到你的激情引爆点

### 做一个不被枪打中的"出头鸟"

当朋友们建议我从事房地产销售工作时,我知道自己张扬的个性很适合这份工作,而我娴熟的人际沟通技巧和出色的经商才能也能让我在这一行如鱼得水。我报名参加了纽约大学的房产销售员速成班,在学习了两周后,我连续通过了学校和美国国务院的资格考试。随后,我在 Craigslist.com[①]网站上搜索招聘信息,找到了一家位于美国阿拉巴马州切尔西,名为 JC. 德尼罗(JC DeNiro)的公司,公司的所有者是好莱坞老戏骨罗伯特·德尼罗的叔叔杰克。面试时我满怀信心地向杰克保证,一定能打破公司的销售记录。他应该也是抱着试试看的心态给了我一张办公桌。

JC. 德尼罗公司的办公室与大多数纽约市中心的写字间如出一辙,唯一不同的是它面积很小,不超过 70 平方米。每张办公桌的款式各不相同,好像是在商店打折或倒闭时搜罗来的。

---

[①] 兴起于 1995 年的美国一家大型免费分类广告网站。——译者注

## 第 2 章 你的人生动力是什么
### 找到你的激情引爆点

每天早上,我都要从为数不多的几件衬衣中选择一件,穿上我那双破旧的运动鞋步行上班。我的办公桌又矮又小,根本容不下我的大长腿,所以我坐下来要费些功夫。我总是第一个到办公室,一坐下就开始一边在网上找房源,一边听另外四位销售员和他们的客户聊天、谈生意。我不知道他们是否把我当成带有怪异口音的大高个儿,也不确定他们是否视我为竞争对手,但有一件事是肯定的:没人想要帮助我。销售员的主要收入来自提成而非固定薪水,这种收入结构自然会引发内部竞争,每个人只会关注自己的销售额。

那时的我充满工作热情。我能记住每条街道、每幢建筑,以及每个待售房屋的价格和建筑面积。我找到了房地产行业最基本,同时也是最重要的一道公式:

$$房屋价格 = 地段 \times 建筑面积$$

在纽约,还要将生活便利性和周边景观两大因素考虑在内。不同产品的定价依据也有差别,房产也是如此,但基本上是根据公式列出的因素确定的。在职业生涯早期,我一直在寻找能影响房产价格的其他变量,尽管这浪费了我不少时间,但至少能让我忙起来。

我们的办公室地处临街,门口有一扇沉重的卷闸门。每天早上,我们都要把卷闸门收起来,下班时又要把它拉下来。这件事似乎一直都是我在做,因为我总是第一个到,最后一个离开。我的生意伙伴约翰回忆道:"十年前,我经常路过 JC. 德尼罗公司办公室,那时有个金发碧眼的高个子小伙(有趣的是,我在瑞典被称为'黑发小伙')总会在早晨和深夜出现在公司门口。他当时应该没想到,五年后他会与我共事,而且我们将成为美国顶尖的销售团队。"

在入职几周后的某个下午，我看到一位老先生站在办公室外面，正透过玻璃窗往里面张望。老先生看起来60岁左右，面带疑惑。在大多数房地产公司，有一种被称为"优先接待权"的制度，即业务员轮流享有接待未预约客户的权力。公司会给每个业务员分配一段接待时间，在这段时间内，任何未经预约的上门客户都是属于这个业务员的。这种制度也适用于其他销售型组织，例如汽车经销商等。

"让制度见鬼去吧！"我当时心里想，"我要客户，我要成功。"我不要等到周日才享受分配给我的"优先接待权"，因此我给自己创造了"优先权"。这个世界都是我的，门外那位老先生不属于其他任何业务员。

我推开大门，走到人行道上。"您好，"我对他说，"我能为您做点什么？"

"噢，"他喃喃地说，"我想……"

"您住在附近吗？"我一边询问他，一边开始展示自己的魅力。

"是的，"他回答说，"我住在西20街的拐角处，我想知道，我的公寓到底……"

我迅速采取行动，接上他的话茬："到底值多少钱？我待会儿再告诉您。让我们先去看看您的公寓吧。"我穿着那双旧运动鞋，已经开始向街角走去。走到拐弯处时我回头示意他跟上，他马上跟了过来。这一幕似乎有点违背常理，但一名优秀的销售员深知人们愿意遵从他人的命令，你只要在发号施令时保持微笑就行了。你要为他们作出抉择，让他们接受你强加给他们的选择。我觉得老先生并没有真的想要卖房子，他只想打听自己的房子值多少钱，或只是想在我们公司门前歇歇脚，顺便看一下贴出的售房信息。我基本上是"强行"展开这次销售的，就像我7岁时卖圣诞日历那样。

## 第 2 章 你的人生动力是什么
### 找到你的激情引爆点

我想在此中断一下，和你分享一则我在童年时期领悟到的真理。

小时候，在我父母卧室的墙上，挂着一幅带框的装饰画，画里有一只美丽的鸭子，它优雅地浮在平静的湖面上。它一直高昂着脑袋，脸上似乎带着笑容（如果鸭子也能笑的话）。然而，在平静的水面下，它的双脚却在疯狂地拍打着水面。

任何行业成功人士的奋斗过程都如那只鸭子：人前风轻云淡，背后却要不断努力挣扎。我们之所以挣扎，不仅是因为我们无法一直掌控局面，更因为我们希望不断前行。当你身处一片完全陌生的水域时，需要近乎疯狂的努力才可能生存或前进，未知或许让人恐惧，但往往也让人更兴奋。

我就是那只鸭子，你也一样，我们都是在湖面上游泳的鸭子。表面上，我没有告诉那位老先生我从没卖过房子，但心里已经在挣扎，就像鸭子在水下疯狂踩水，但我不会让他察觉到我的紧张。我甚至没有给他任何时间去考虑"纽约还有其他房地产销售员"这个问题。我把所有精力集中在自己身上，发挥出我的能量和人格魅力，运用独特的沟通方式吸引住了他。在他面前，我装作自己是国际范儿十足的本土房产经纪人，并让他相信我可以让他的公寓变成人们争相抢购的热门房源。

老先生带我来到了一栋公寓的五楼，进入一间两居室小套房。这间房子就是我的第一个完美产品。虽然它看起来好像很多年没有人住过、也没装修过的样子，但它位于新兴的西切尔西街区，这个街区的房子近年来非常抢手，我可以轻松把它卖出去。我对老先生说，我会把房子好好收拾一下，帮他卖个好价钱。

我们在客厅聊了整整一个小时。我告诉他我如何来到美国，对房地产有着怎样的热情，以及我对销售如何痴迷（这种话雇主最爱听）。

我还告诉他，这个街区正在发生巨变，房地产价格不断创造历史新高，但我仍然认为纽约市的房地产价格与伦敦或摩纳哥相比还有很大的上升空间。

我一直在提醒自己，要做真实的自己，但同时也要倾听老先生的意见。我的目标就是成为他的朋友，同时让他记住我是一名房产销售员。在那个洒满阳光、能看到切尔西街区全景的小客厅里，我感觉到自己慢慢放松下来，不再假装自己是来自房地产行业的"机器人"。我没有光鲜的衣着，也没有丰富的房产销售经验，但我给他带来了欢笑，他也开始和我分享自己的人生故事。

当我们开始讨论这套房子的定价时，我告诉他，我会在一个小时内给他报出一个出乎他意料的价格。因为当时我对这套房子的价格也没底，需要马上回公司做一份市场价格分析表。我用力握了握他的手，看着他的眼睛对他说："谢谢您的信任。"

走出公寓后，我在夕阳笼罩的第九大道上来了一个高踢腿，感谢上帝赐予我这次机会。一直以来，我都把自己的事业和人生看成通往天堂的阶梯，在这条路上，我要迈上成千上万级台阶，一步步攀登到人生的顶峰。有时候，你会出于本能地抬起脚，迈出下一步，迎接你的或许是一次展现自我的机会，又或是一个艰难的决定。就像在森林中走到一个分岔口，你知道有一条路是捷径，且走起来很容易，但看不到美景，也体验不到冒险的刺激；而另一条则蜿蜒曲折，走起来要困难一些，但在一路风景怡人。这时你便要作出艰难的选择。无论何时你打算迈出下一步，都要珍惜脚下的每一步。人生就是一个自我实现的过程，无论你迈出多小的一步，它都是你的成就。此刻，站在我的第一间待售房屋外，我闭上双眼，感受自己迈向成功的第一步。

考虑到纽约的房地产市场正处于上升阶段，所以我和老板为老先生的公寓拟定的价格要高出周边房屋10%。这是一个大胆的决定，其大胆程度不亚于我走出办公室随便找一位陌生客户攀谈。事实证明我是对的，因为西切尔西和肉类加工区①的房屋虽然在过去定价偏低，但这一区域正在逐渐转变成住宅区。未来10年里，其价格将一路飙升。我把售价告诉老先生时，他惊喜异常，直接打消了再找其他房产销售员的念头。"如果你能以这个价格把房子卖掉，"他说，"我非常愿意跟你做这笔生意。"

在把老先生的公寓列入待售房源之前，我帮他把一些东西搬了出去，并对房子进行了重新布置，让它看起来更加整洁。我去五金店买了几大桶白色油漆，花了几个晚上把整个公寓漆了一遍。又坐公交车去宜家买了一些质量很好的浴巾、蜡烛和花瓶，给公寓增添了些许情调。最后，我以53.5万美元的价格将它列入了待售房源。

公开看房日时我迟到了，那可是我的第一个看房日。在瑞典，迟到是最无礼的行为，但这次我是故意。此外，在看房日前两周，我也不允许客户去看房。我在网上发布的售房信息是这样的："本套房源只在公开看房日开放，绝无例外。"当我来到房子所在的街区时，人行道上已经排起了长龙，等候看房的客户至少有120人，场面颇为壮观。这正是我要达到的效果。我要让街上所有人都留意到这条长龙，让他们看到我来到了现场，而且意识到我才是局面的掌控者。我的手心开始出汗，但当我和排队的每名客户握手时，手上的汗迅速干掉了。大楼门卫看着人群直摇头，他从来没见过这样的场面。我利用自己的身高优势，向现场的人群宣布："电梯太小，我要分批带大家上去看房。如果有人不想坐电梯，那欢迎他跑上五楼，先到者先看房。"

---

① 位于曼哈顿西部，北边与切尔西市场相邻，众多设计师、建筑师、艺术家及创意公司的总部皆汇集于此。——译者注

人群开始骚动。我先给他们分发印好的报价单，我要让在场的所有人知道，如果他们不立刻出价，就会失去这套房子。所以在看房或坐电梯下楼时，客户们就当着彼此的面开始填写报价单了。有个没拿到报价单的家伙甚至把报价写到了餐巾纸上。那套公寓的最终成交是56万美元，比我所开出的价格还高出2.5万美元。该价格创造了这幢公寓楼的销售记录，同时也是整个街区售价最高的房子。

买主是一位女士，她简直爱死我了，因为是我让她在这场众多买家虎视眈眈的竞标中胜出。我也爱死自己了，而且觉得整个纽约都爱上了我。在签下第一份合同的那个夜晚，我邀请那位老先生去了42街区的一家墨西哥餐厅庆祝了一番。

我的首张佣金支票是1.6万美元，我永远无法忘记拿到支票时的心情。我对自己说："这份工作真是又好玩又能赚钱。"我拿佣金给自己买了一双帅气的鞋子，并拿起剩下的一份看房清单，到一家裱框店里找人给它装了一个可爱的褐色边框，作为战利品挂在我家墙上。

如果把我的销售事业比作一艘船，那么这艘船在那时正式扬帆起航了。但船身太小，而纽约这个房地产市场的海洋广阔无垠又深不可测。我有很多东西要学，有时我甚至觉得惶恐和孤独。远在瑞典的母亲常写信给我说："我们想你。"

那么，我前进的动力是什么？要回答这个问题，得先回到我在瑞典度过的童年时光。

在我的成长过程中，人们常常告诫我说"我比别人优秀"的想法是不可取的。这就是瑞典人的处世方式，我们称之为"詹代法则"，即保持谦逊和克制之意。"詹代法则"不提倡个人的成功和成就，每个人都应该保持平庸，不能认为自己是特殊的个体。瑞典有句谚语，"Den spik som sticker upp måste man hamra ner"，意思是"枪打出头鸟"。

我11岁时，邻居买了一辆沃尔沃涡轮增压汽车。他开着车回家那天，我看到他把车停在机动车道上，用小刀把代表"涡轮增压"的"Turbo"刮掉了。我问他在干什么。"呃，你知道的，弗雷德里克。"他说，"为了防备偷车贼。"我从他涨得通红的脸上看出了他的尴尬。那时我领悟到，他这样做并不是为了防贼，而是担心人们的眼光。他把爱车弄得面目全非，以显得自己很平庸，真是煞费苦心。幸好，我奶奶对"詹代法则"有独特的观点，她告诉我："别管那么多，做你自己。"

十八九岁时，我觉得我的自我观念是一种灾难。为了让自己在别人眼中成为更好的人，我想尽力弱化这种观念，但我做不到。我想成为最优秀的人，做人生的主角。久而久之，竞争精神和寻求关注成为了我性格中的重要组成部分，它们塑造了真正的我。我要么为此感到羞愧，并极力否认这两个特点，要么充分利用它们为我服务。幸运的是，我听从了奶奶的建议，没有再受"詹代法则"的影响。我很庆幸自己拥有如此远大的抱负，并且没有用一把刀将它刮掉，因此才获得今时今日的成功。

逃离"詹代法则"正是我来到美国的动机之一，从我达成第一笔交易起，我的目标就是做最优秀的人，走上人生巅峰，做一个不被枪打中的"出头鸟"。我要在做过的每一件事上，都骄傲地印上一个"Turbo"标志。

我的成功我做主，无需任何人批准。对卓越的不懈追求，正是我在销售事业上的最大动力。在进入房地产行业的第一年年底，我的销售额就达到了惊人的5 000万美元，被纽约房产局评为"年度最佳新秀"。我穿上了最好的衣服和鞋子，我家的墙上挂满了被裱起来的看房清单。

## 你在职场上大放异彩的动力是什么

在我读高中时,学校里张贴着一幅广告海报,上面印着一个裸体女人和裸体男人的图片,两人中间有一条分割线。图片下面有一个问题:"你在看谁?"这个广告是为了帮助青少年发现自己的性倾向,并让他们对此感到心安理得。

显然,瑞典是一个极其开放的国家,但我想借这个例子说明一个道理:人生苦短,你要迅速找到能点燃你激情的东西。如果你不知道自己喜欢什么,也不知道做一件事的原因,那么你将很难找到你的人生激情和特长。

我们为什么要工作?过去在学校里,老师也许会告诉我们:工作的目的丰衣足食,拥有一个能遮风挡雨的居所。但在 21 世纪,这个问题的答案要变得更加复杂。没错,我们要为基本的生存需求而工作,但除此之外,我们还要为一些不那么具象的东西而奋斗,例如幸福感和成就感。

我不知道你是一个怎样的人,但我不希望你成为行尸走肉,碌碌无为地工作 50 年,然后退休享受人生。若退休意味着可以做喜欢的事,那我希望今天就可以退休。我想让整个世界现在就成为我的爱人,而不是到 65 岁时坐在游艇上再去想这件事情。我要体验一切美好的事物,无论是未知的还是已知的。如果现在的工作不能让我体验快乐,那我可能要换一份工作。你也一样。你要做能带给你快乐的工作,这样的话,即使没有从事自己热爱的事业,还可以从当前的工作中获得满足感,规划未来的努力方向。

工作的理由有很多,但最大的理由只有一个——获得成就感。在我看来,获得成就感的方式有两种:一种是做多少事,赚多少钱;另一种是追求工作所带来的荣誉感。当然两者兼得是最好的。

你觉得金钱带给你最大的快乐是什么？能让你家人生活无忧吗？能让你带着爱人度过一个奢华的假期吗？能让你的孩子读完大学吗？能让你开上豪车吗？能让你从我这里买到一所位于纽约的豪宅吗？或者，你赚的钱只是刚好够用，让你不必担心生活捉襟见肘？

也许快乐根本与金钱无关，也许你的动力源于自我价值的实现。假如人们说你是纽约市最好的发型师，或你做的汉堡是世界上最美味的食物，你是否会觉得快乐？假如你在销售例会上受到表扬，或者成为公司的销售明星，你是否会觉得快乐？当你赢得各种大奖，登上报纸头条，你会有怎样的感觉？

当我和人们谈论这个话题时，有些人会说："我不想成为富翁，只希望帮助那些运气比我差的人。"也有人会说："我在寻找一种有创意的方式以获得满足感。"这两种想法都值得尊重。但你还是要赚到足够多的钱，才能帮助他人，或让别人认可你独具创意的优点。当我事业越来越成功时，金钱和名誉能让我做更多的事情。一直以来，我都在回馈我的父母、哥哥和他的孩子们，解救受虐待的动物，救济生病和无家可归的非洲儿童。金钱让我能够付出更多，而这也是实现自我价值的一种方式。

经常有人问我，我追求成功的动力是什么，我花了很多时间去思考这个问题。我分析过，也质疑过，但最终，我接受了这个动机，喜欢上它，并将由此产生的想法付诸实践。

从小时候起，我就喜欢成为大家关注的焦点。记得 4 岁时，我用客厅的咖啡桌搭建了一个小小的"剧场舞台"。然后手写了十几份邀请函，邀请邻居们来观看我表演，每人收费 5 瑞典克朗（约 8 美分）。我把邀请函逐个塞进了邻居家的门缝。演出当天座无虚席，我站在临时搭建的舞台上，戴着一顶尖尖的黑帽子扮演女巫。表演结束后，我沉浸在观众的掌声里。如今我终于明白，别人对我的关注能带给我巨大的成就感，它的价值远胜于金钱。

聚光灯、他人的关注和对胜利的渴望，这些因素在驱使我不断前进，让我努力做到最好。我的幸福感由此产生。我要做一个既有抱负、又有原则的人，这和自以为是、唯我独尊是两码事。我可以从擅长的工作中找到满足感，但不会骄傲自大。不过在《百万金豪宅》最后一期节目录完以后，安迪·科恩①邀请赖恩、路易斯和我参加他主持的电视脱口秀节目《现场大爆料》。观众现场投票，选出我们三人中最自大的一个人，我还是拿了第一名。

让我们回到"金钱"这个问题上。每个人都需要钱，我从5岁起就明白这个道理。当时我自己组装了一台"印钞机"。我参照"自动取款机"的外观，找了个纸板箱，在上面割开一条细缝，往里面存钱。我对这件"作品"十分自豪，并鼓励大家把硬币放进去，甚至也可以放一两张纸币。这是我的专属自动取款机，但我没办法把钱取出来，除非我很贪心，在箱子背后剪开一个缺口，每天晚上把箱子清空！我喜欢钱，但为事业打拼的真正动力是想成为第一名。

约翰·戈麦斯（John Gomes）是我的合作伙伴，他做所有事的动力几乎都是金钱。他会为我们获得销售冠军而高兴，但并不因为"销售冠军"这个荣誉，而是因为可以得到大笔奖金。当办公室大门打开，经理助理拿着装有佣金支票的信封走进来时，约翰会从椅子上跳起来，冲到她面前。"噢，我的天哪！"他喊叫着，"支——票！"他满脸涨得通红，激动之情溢于言表。有时我甚至看到豆大的汗珠从他额头滚落下来。

---

① Andy Cohen，美国主持人，代表作《比弗利娇妻》。——译者注

## 第 2 章 你的人生动力是什么
### 找到你的激情引爆点

拿到信封后,约翰会努力让自己平静下来,或至少假装平静下来,然后用他那把银制开信刀打开信封,小心翼翼地抽出支票。支票金额的大小可能会引发约翰不同的举动,以及不同的声音。金额很小时,他只是"咦"一下;金额尚可时,他会大叫;金额很大时,他会高声欢呼。但无论什么反应,结果都一样:他会打电话给银行,要他们尽快将保险库腾出一些空间,因为他要派助理过去,把刚领到的钱存进去。存好后,他会马上登录银行账户查看余额。确认钱已到账的约翰开心得不得了,甚至意识不到其他人还在办公室,全世界仿佛只剩下他自己,肆意徜徉在金钱的天堂里。

这一幕简直太有趣了,我总是忍不住大笑起来。

"尽管笑吧,"他说,"我承认我就是爱钱,那又怎样?"我喜欢看他见钱眼开的样子,因为他是我的合作伙伴,所以他对金钱的痴迷对我也有好处。

约翰之所以爱钱,不仅是因为金钱能让他度过奢华的假期、买名贵的红酒、与朋友一起吃山珍海味,还因为他能从赚钱中获得真正的快感。从约翰身上,你是否看到了自己的影子?你会为金钱而兴奋吗?如果答案是肯定的,那么你只需承认这个事实,然后为自己感到骄傲。喜欢钱并没有错,实际上,这个爱好会让你一步步接近成功。

无论从事哪种职业,若想有所成就,就要知道你的职业动机是什么。随着事业蒸蒸日上,下属越来越多,我有机会帮助更多的人寻找前进的动力。我发现,人只有靠自己才能找到他们所热衷的东西,然后制订具体目标,再把目标变为现实。

想做一个成功人士,就要清楚自己的成就感来自何处。是什么让你为之狂热?是什么点燃了你的热情?这两个问题的答案会让你的生活变得富足且幸福。

## "既然总有人成功，那为什么不能是我？"

你最想实现的宏伟梦想是什么？你要想象出具体细节，感受它、了解它，然后实现它。只有梦想着自己要做一些伟大的事情，我们才能成长。只有把时间花在刀刃上，拼命地努力，你才有可能实现梦想。所以发挥你最大潜力的方式就是实现梦想。你的梦想是什么？举行一场举世瞩目的婚礼？拥有一幢湖边别墅？登顶珠穆朗玛峰？有时做些"白日梦"也未尝不可。

我上学时的梦想是主持一场前所未有的大型达人秀节目，但学校里当时没有这样的节目，于是我就创建了一个，并自己担任主持人。如今这档节目成为了学校一年一度的盛事。刚获得纽约房产经纪人执照时，我的初期梦想是做成第一笔交易，而最终梦想是成为纽约市顶尖房产经纪人。有人说我的梦想太大，我想说他们目光短浅。既然总有一个人会成为顶尖人物，那为什么不能是我？又为什么不能是你？

纽约是世界之都，拥有这个星球上竞争最激烈的房地产市场。如果我可以成为纽约市的顶尖人物，那我就能够成为全世界的顶尖人物。写作此书时，被誉为"纽约房地产圣经"的《房地产交易》（The Real Deal）杂志刚刚将我评为纽约首席房产销售员。如果你问我："从纽约3万名房产销售员中脱颖而出之后的下一个目标是什么？"我会告诉你："让你手中这本书荣登畅销书排行榜首位。"

你的梦想会如何影响你的人生？假设你的梦想是赚100万美元，那么梦想实现后你会做什么？你会给自己买一颗大钻石，还是更多地去做慈善？会为你的女儿存一笔教育经费还是去非洲狩猎？会给你妈妈买一幢海景别墅颐养天年，还是在滑雪场附近给自己买一套高级公寓？

现在，让我们回到"目标"这个话题。你要把目标细化、分解，这样一来，你就拥有了源源不断的动力。你会怎样使用赚到的第一个10万美元？还信用卡？存1万美元养老？还是拿出一部分钱吃一顿大餐，然后买双新鞋？这正是我拿到第一张佣金支票时做的事情。那双鞋象征着我已脱胎换骨，穿着它走在城市的大街上，感到就像走在奥斯卡颁奖礼的红毯上。

远大的目标不可能在一夜间实现。你只有实现一个个的短期目标，才能一步步接近最终目标。任何目标，只要分解成多个小的、容易达成的任务，就不会遥不可及。在实现自己目标的过程中，我偶尔也想过放弃，认为自己无法坚持，已经达到了极限。就像我们爬山爬到一定高度，接下来的每一步都变得无比艰难，山上乌云密布，我们对周围环境无比失望，只想回家趴在床上痛哭一场。

这时我们一定要牢记终点线，或想象自己冲过终点的情景。成功人士都有过自我怀疑的时候，但他们知道必须继续前行。而且就算冲过了终点线，他们也不会停下步伐。在你想要放弃时，请闭上双眼，想象着自己冲过终点线的样子，想象着已经实现了宏伟的梦想。

第一节房产销售员培训课结束后的那天晚上，我回到了位于西37街的狭小公寓，懒懒地躺在床上，闭上双眼，把面前的各种困难抛到了九霄云外，全神贯注地想象着我功成名就时激动人心的场景。想象着自己走在中央公园①景色优美的人行道上，四周被晨雾笼罩，我梳着大背头，身着名贵风衣，甚至能感受到这件风衣的质感。我已经从那间狭小的公寓里搬了出来，不仅融入了这座城市，而且征服了它，成为了房产销售冠军。我站在公园的正中央，从口袋里拿出一张

---

① Central Park，中央公园号称纽约"后花园"，因其美丽风景，成为许多影视剧的摄制地。——译者注

老照片，低头看着它。照片拍摄于 1983 年，当时，我们全家住在斯德哥尔摩郊区的一所公寓里，公寓的后面有一个小花园，我站在花园中，有点婴儿肥的小脸蛋上戴着一副巨大的太阳镜。那时的我，根本不知道自己会取得现在的成就。我的梦想就是如此真实。

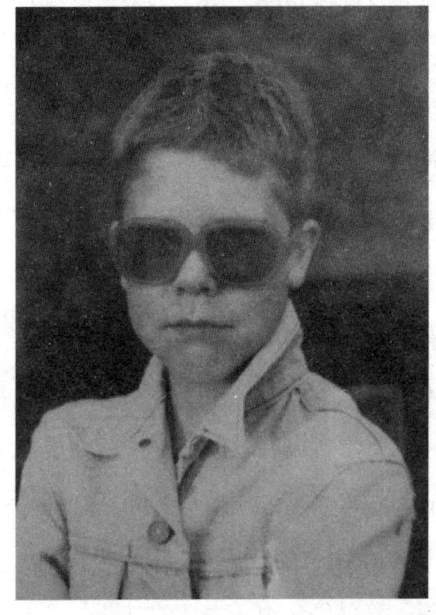

有人说我的梦想总是太远大，而我则说他们的目光太短浅。

我们来做个练习。把你最想要实现的梦想写在一张便利贴上，然后把它贴在你卧室的镜子上，它会变得更加真实。

如果你把梦想发到社交媒体上，并 @ 我一下，我一定会仔仔细细读一遍，为你欢呼。勇敢迈出第一步，这是实现梦想的关键所在。

# 第3章

## 选对师父，少走弯路
### 跟随赢家，偷学几招

## 做大师的门徒

写这本书之前，我向社交媒体上的"粉丝"们提出了一个问题："你想从我的新书里得到什么？"很快，我收到了成千上万条评论、提问和想法。提问次数最多的一个问题就是："从早晨到深夜，你是怎么度过一天的？"

这个问题不难回答，因为我的作息很规律。职业生涯初期，由于没有人教我做事的方法，我走了不少弯路。我花了很多时间去学习一些最基本的职业技能，但我不希望你重走我的老路。所以我打开记忆的大门，让你看看这个会高踢腿的家伙到底付出过哪些努力，才能每年卖出10亿美元的房产。如果你没有从事房地产行业，仍然会有所收获。这些技巧会帮助你在不懈追求的事业上取得巨大成功。我每周的生活由三种完全不同的生活方式组成：

1. 周一至周五早5：30~晚9：30，这是我的工作时间；

2. 周六和节假日，这是我的休息时间；

3. 周日，工作半天，休息半天。

在讨论周一至周五这段漫长的工作时间前，我要对每周一天休息日的重要性发表一下评论。上帝在创造世界的第七天选择休息，这是有原因的。没有休息，就无法好好工作。我们需要阴阳交替来平衡心灵。在工作日我不知疲倦，在休息日我就好好休息。"朝九晚五"的工作方式早已是上个世纪的事情了。当今社会，人们的工作日是"从早到晚"。

我需要休息日，就像鲜花需要雨露，它让我更坚强、更快乐。对我来说，休息日是混乱世界中的一处避难所。我在休息日中找寻人生的乐趣，带我的爱犬去公园闲逛，或与朋友聚在一起。休息日让我暂时逃脱那些缠绕着我思绪的事。人生如白驹过隙，如果你不驻足欣赏，必然会与美景失之交臂。所以该休息时就休息，尽情享受难得的休闲时光。既然我们已经对休息这个问题达成了共识，现在就开始谈工作吧。

假设现在是春季，正值房产销售旺季，而你是一名拿着笔记本的观察者，在某个周二下午观察着我的一举一动。这一天我不用录制《百万金豪宅》，而是准备出差前往欧洲办公室，或参加这本畅销书的宣传活动。

从我起床那一刻说起。看到照片中的我了吗？我正躺在床上呢。你看到我睡得有多香甜吗？可惜，大清早快要起床时，也正是我睡得最好的时候。

早上5：30，闹钟响了。我感觉自己好像刚睡着没多久，还想继续和我的爱人，还有"小弗里茨"和"小老鼠"继续腻在舒适的床上。

没人想这么早就起床。你不喜欢早起，我不喜欢早起，麦当娜不

# 第3章 选对师父，少走弯路
## 跟随赢家，偷学几招

早安！我的迷你腊肠犬"小弗里茨"和"小老鼠"躺在我和我的爱人德雷克中间，它们太可爱了，经常让我带着微笑醒来。

喜欢早起，美国总统也不喜欢早起。我们都想找个赖床的借口，然后跟闹钟讨价还价："再过5分钟就起床，我再眯一小会儿。"

正因如此你才必须起床。人生就是这样改变的。闹钟响起时，就是面对现实的时候。你要脱胎换骨，让其他人望尘莫及（包括过去那个不成功的你）。记住，如果你选择赖床，就是选择平庸。

假如你正在读这本书，我会认为你不想碌碌无为地度过一生。如果你想出类拔萃，就应该懂得"早起的鸟儿有虫吃"的道理。把每天清晨的30秒当作人生中最重要的时刻，这段时间决定了你未来的发展方向。闹铃响起后，让我们一起盯着闹钟，看看会发生什么：

第1秒：不！！！

第3秒：噢……周围漆黑一片。

第5秒：天呐，腰酸背疼……拜托，请让我再……

第8秒：我为什么不早点起床，为什么？

可是，请听我说，高踢腿学员，快起床！马上起床！

第10秒：你听到闹铃声了吗？如果没有，就让它的声音再大一点。我把闹铃声设置成阿巴合唱团的歌曲《钱钱钱》。听着这个瑞典组合唱着这首洗脑神曲,在纽约这个"富人的世界"开始新的一天,没有比这更美妙的事情了。假如你的闹铃声不能促使你起床,无法让你热血沸腾,那我建议你先选一个合适的铃声。或者你可以试试这个方法:你听到自己的心跳了吗?多么美妙的律动。想象当你听不到自己心跳时,你就可以长眠不醒了。

第11秒:当你从床上爬起来,你要感谢上帝自己还活着。念几句祈祷词,祝自己好运。你可以祈祷今天创造销售生涯的纪录。然后去冲杯咖啡、洗个澡、做一下仰卧起坐或瑜伽,顺序由你定。

你要为如何度过一天定下基调,所以,一定要保持积极的心态。试着用下面这段话激励自己:

> 我正在履行自己的职责。外面漆黑一片,也许只有我一个人醒着,但上帝在看着我,看着我朝自己的梦想前进,没有谁可以让我放弃梦想。我要珍惜今天拥有的一切,不要让自己有悔恨的机会。今天,我要投入一场上帝为我安排的战争,因为我是他最强大的战士。

高踢腿学员,请记住这句话:"未来取决于我们现在做什么。"

冲咖啡时,我会给"小弗里茨"和"小老鼠"喂早餐。它们吃完早餐后会再回去睡觉。这就是它们和我的不同之处。我要做一个成功的人,它们只是可爱的小狗。

# 第 3 章 选对师父，少走弯路
跟随赢家，偷学几招

早上5:45，我穿上连帽运动衫，既没洗澡，也没刷牙，像个机器人似地拖着脚步走出家门，我要去健身房锻炼。纽约城安静无比，街道空空荡荡，店铺都关着门，只有红绿灯在孤独地闪烁。我要走上两分半钟才能走到健身房。我要享受这短暂的轻松时刻，因为随着时间流逝，我的精神会越来越紧张。我站在第七大道的正中央处，脸朝南，一边听着音乐，一边沿人行道走着。抬头看着那些摩天大楼，深吸一口新鲜空气，我感觉很自豪、很快乐。我战胜了难以克服的困难：从床上爬了起来，走到街上，走在去健身房的路上。

健身房空无一人。在早上6:00之前，我通常会在更衣室花几分钟回复来自斯堪的纳维亚半岛的电子邮件。由于时差关系（那里比纽约早6个小时），我会在早晨收到几百封电子邮件。大部分邮件都可以用几句话来回复，例如"同意""已获悉""是的""不是""没问题""乔丹（我的助理）稍后会答复你"等。几年前，我把一直使用的黑莓手机换成了苹果手机。从那时起，我就不得不尽量少打字，但我没后悔过。

早上6:00，打开音乐，调大音量，我开始健身了。在每组力量练习的空隙，我还可以做脑力锻炼——一口气回复500封邮件。敲键盘本身就是一种锻炼。也许我虚报了大概100封，但在两组力量练习间的45秒休息时间内，我的确可以打出很多个字。我感觉浑身充满力量，就像一辆涡轮增压跑车，效率极高。随着举起越来越重的杠铃或哑铃，我的大脑也转得越来越快。对我来说，健身一小时就像是给精神和肉体打了一针兴奋剂。

早上7:00~7:10，我从健身房出来，手里拿着一杯40克的高蛋白奶昔，边走边喝。这是我在一天中摄入的第一份热量。整座城市开始苏醒，人们开始释放荷尔蒙、安多芬，感觉自己无所不能。无论是在夏季穿着荧光运动鞋，还是在冬季穿着厚厚的羽绒服，每当我经过商店橱窗时，都要看着自己的影子说："嗨，原来你在这儿啊，我为你感到骄傲。"就像照哈哈镜一样，橱窗里的我变成了大长腿和大胖脸，下巴也拉得老长。我微笑着注视着那个自己，心想人生完全取决于你看它的角度。

早上 7：10～7：35，我已经回到家了，和"小老鼠"躺在沙发上（"小弗里茨"还在床上睡觉）继续回复电子邮件，查阅日程表，安排好一天的工作。在这个时间段内，我要掌控全局。我可以对这天的工作及时作出调整，或者为了完成某件事而寻求支持。高蛋白奶昔喝完后，我还要喝点咖啡。我要处理昨晚 9：30 以后收到的电子邮件（我每天晚上都会在 9：30 关掉手机）。在这 25 分钟里，我要不断地与乔丹和我的团队成员沟通，他们遍布世界各地，各自做着不同的事情。我和乔丹就像是球队的主教练：在更衣室里制订战术，确定团队成员各司其职。

早上 7：35，我开始洗澡、剃须，向我的爱人说早安，挑选当天要穿的衣服和鞋袜。

早上 7：50，我开始忙起来了。人们从睡梦中醒来，美好的事情即将发生。我看到内心的熊熊烈火，心情突然从古典钢琴曲变成了电吉他 Solo，一个"乐队"正在成型，节奏越来越快，有点让人跟不上的感觉，而这一天甚至还没有真正开始。几小时后，这支"乐队"会开始演奏瑞典死亡重金属音乐，达到一天中节奏最快，音量最大的时段。我们需要格外沉着，集中注意力。

上午 8：00，我走出家门，进了电梯。电梯是下行的，但我却感觉情绪无比高涨。这是我的"蝙蝠侠时刻"。我站着不动，双拳紧握，仿佛要穿上盔甲，征服这一天遇到的所有人和事。你的一天或许是从开着自己的"蝙蝠战车"上班，或是看孩子开着"黄色潜水艇"出发开始的。无论以何种方式开始，你都要知道自己在干什么，而且要欣赏自己所做的事情。

**上午8：00多**，我从公寓楼走出来。我的发型不错，就是脑袋后面有一小撮头发没梳好，我把它称为"恼人的天线"。大楼外有一辆亮闪闪的轿车在等着，尽管我一再坚持要自己开车门（毕竟我在某些方面还是受"詹代法则"的影响），但司机还是很贴心地为我打开了车门，我的心情真的很好。

在去见第一个客户的路上，我要去星巴克买早餐，从进去到出来，我只花了不到两分钟时间。如果里面有人排队，我就去下一家星巴克，买一杯抹茶星冰乐，再加一份含有蛋白质的食物。我很喜欢吃含有33克蛋白质的鸡肉和鹰嘴豆泥套餐，但有些星巴克分店不卖这款产品。星巴克，给点力吧。

**上午8：30**，快餐快吃完了。我走进纽约某幢大楼的电梯，路上一直在和乔丹通电话，他真像是飞行控制塔。通常情况下，约翰（我的合作伙伴）的车会停在大楼外面，他坐在车后座谈生意。我们的大部分会议都在8：30左右开始，一个接一个，根本没有休息时间，也不可能有休息时间。只有在周六、节假日和我将来当爷爷时才有机会休息时间。

我的日程表上总有忙不完的事情。我一直对团队成员说："最好的总是下一笔生意。"如果我的日程表上有一大部分都是空白的，对我来说就是噩耗，因为这意味着两件事：第一，我没有足够的生意可以做；第二，我没有积极开拓新业务。我的日程表不应该是空白的，除非在我举行婚礼的时候，爱人把我的手机扔到了游泳池里。

任何时候，我都有100套待售房源。我不仅要带人看房，还要说服新客户，获得更多新房源。但我一天中的大部分时间是与房地产开发商开会，会议地点一般都在摩天写字楼装修精致的会议室里。这些大楼按天主教堂风格建成，地面由大理石铺就。我们到大堂登记完姓名后坐电梯上楼。在电梯里，我们还不断查阅邮件。上楼后，我们走进一间会议室，里面有15~20人，当中有建筑师、室内设计师、房地产开发商、银行家、网站设计师，还有相关的建筑材料公司代表。我和他们一起构思新大楼的设计方案、一起做决策，共创宏图大业。每个建筑项目都价值数亿美元，所有楼盘都已销售一空。

会议室四周都是落地玻璃窗，城市街景一览无余。我尽量靠近落地窗，拍摄了一张照片，打算把它发到社交媒体上去。我通常用Camera+这款应用软件拍照，在触摸对焦后开启HDR功能，拍摄完成后发到Instagram上，加载Sierra滤镜，并调高对比度。繁忙之余，我也要抽空休息一下。在照片上传成功后的4分钟里，有超过1 000人给我点了赞，我感到自己与他人产生了关联，变成了充满创意的人。要说明一点，我这样做只是为了验证一下大家对我的关注度，并非出于虚荣心。查看完照片后，我又把注意力转移到会议桌上。

每个人都需要一个能够放松的特殊时刻，放松一下会让我们在接下来的时间里充满活力，在那个特殊时刻，很有可能发生某些值得我们铭记并津津乐道的事。没人想和一个机器人般沉闷的人共处。对我来说，拍照那一刻就是我的特殊时刻。而如今，它更是成为每一个新项目和新楼盘发售计划的一部分。在美国，没有任何一个房产销售员的"粉丝"比我多，我觉得自己正在为房地产行业写一本关于社交媒体的教科书。我从窗边转过身来，把这个想法告诉了所有人。别着急，在本书的后面几章，我会告诉你一些社交媒体的销售秘诀。

上午11：30～下午2：00，对大多数人来说这是午餐时间。我认为吃午餐相当浪费时间，所以通常会在这段时间继续工作。我并没有说你不该吃饭，但谁又愿意花费两个半小时做这件事呢？你不相信吃午饭要花150分钟？好吧，我来给你算一下：你要花30分钟去餐厅，花90分钟大块朵颐，还要喝一点酒，再花30分钟走回去，而且酒足饭饱往往让人昏昏欲睡。除非你要和出版商见面商讨你的畅销书出版事宜，或者和美国总统谈谈你拯救世界的想法（如果有这种机会，一定要给我打电话，我还真有一些拯救世界的想法），否则吃工作餐完全是浪费时间。我的建议是：忙碌时，最好吃一些健康食品。

我吃饭非常快，但吃的不是快餐。我发现，我和一群人坐在食物前的时间越长，就吃得越不健康。此外，每当我无聊时也会吃东西，不让自己闲下来。吃点有机和生鲜食品不用花太多时间。我大多时候都用流食当午餐，外加三勺蛋白粉和其他富含纤维素、维生素的食物。这样的膳食搭配不但健康，还容易产生饱腹感。这些食物在6分钟内就会被消化掉，在这段时间里，我通常会在附近街区散步，并和客户在电话里讨价还价。你也可以买些新鲜水果和蔬菜，自己做"果蔬汁"。只需花5美元和5分钟时间，就可以保持健康，何乐而不为？

如果忙得连流食餐都没有时间吃但又很饿，我就会把食物带到会议室。对我来说这很正常，但有些人看到我这样简直惊呆了。我经常对身边的人（坐在我车里或一起开会的人）说："瞧我忙成了什么样子了！你介意我在这儿吃午饭吗？"不过，我可不会把带着难闻气味的炖肉拿进车里，或在会议室里吃一大袋炸薯条。我会用筷子夹起一块美味的、颜色鲜艳的三文鱼刺身，优雅地放进嘴里，然后向房间里的其他人推荐美味的日本餐厅。吃完饭后，我会对他们说："非常感谢各位允许我在这里吃饭，你们对我简直恩同再造。"

我肯定有点低血糖，因为如果不吃东西，就会暴躁易怒。为了避免威胁到其他人和我自己的安全，我认为午餐不可不吃，但一定要保持合理的膳食结构，把卡路里、食物成分、就餐地点和就餐时间等因素考虑进去。

下午2:00～下午6:00，任何行业都有开不完的会，尤其在下午这个时候。我给所有会议都设定了1小时的上限，因为我还要赶赴下一场会议。会议开始时，我会先向大家致歉，说我要在什么时间离场。如果你为某件事预先道歉，几乎都会得到别人的原谅。

当我和很多人一起开会时，如果看到他们有很多事情要讨论，我就会把手机放在两腿中间的椅子上，做些其他重要的事情。我每隔7分钟低头查看一次邮件；每30分钟去一次洗手间，走进小隔间里迅速回复重要邮件。如果你觉得这样做很好笑，那就随便笑吧。但你想过没有，我每年要卖出价值10亿美元的房产，在多个国家都设立了办事处，还要上电视节目，现在还要写一本畅销书，如果连续开3个小时的会议而不看手机，你觉得我会有现在的成就吗？不能。而且坦白地说，开会看电子邮件的做法让那些又长又无聊的会议变得可以忍受了。

到了预定时间如果会议还没结束，我会站起来跟大家说声抱歉，然后离开，简单直接。尽管这样做会让人有点不舒服，但总比不能准时参加下一场会议要好。

在继续讲述我的一天之前，让我们先来讨论几件事情。

**高效工作。**我习惯防患于未然。请记住：拖延会毁掉一切。所以一旦发现情况不对，我会立刻采取措施。当问题出现时，你只有2.5分钟时间控制局面并解决问题。有时候，一份电子邮件会被抄送给十几个人，如果你不及时回复邮件，问题就会像一个不断变大的肿瘤一样，早晚要爆炸。更严重的是，这些问题可能直接毁掉一桩交易。在后面的章节中，我会教你处理电子邮件的方法。

**名片**。在会面结束时，人们一般都会互换名片，这种场景就像是一群人在打扑克牌。我可不想做个发牌手，给会议中的人散发名片，我要做"赢家"，掌握主动权。我从来不用名片。公司给我印了名片，但我从不把名片放在口袋里，我把它们都扔掉了。每当有人向我要名片时，我会对他说"我会给你发邮件的"或者"你会找到我的"。当然了，我发不发邮件要取决于这个人是谁。

也许这样做有点冷漠，甚至有些粗鲁，但不失为聪明的做法。因为如果我想和他们做生意，就会拿他们的名片，然后给他们发电子邮件。在我的电子邮件中有一行签名栏，它所包含的内容和选项比名片上的寥寥几行字要丰富得多。客户可以从我的自动签名里看到一个链接，还可以了解到我是全美房地产销售冠军、媒体新宠，并能点击本书的订阅链接。名片能发挥这样的作用吗？

以下是我的另一个秘诀：当我想和某个人做生意的时候，在见面之后会立刻发一封邮件给他。一般来说，我会拿着他的名片，与他握手道别，然后转身找一个他看不到的角落，马上给他写电子邮件。这个方法的妙处在于，当他用手机或电脑查看邮件时，会看到我早就给他发过邮件了。"哇，"他心想，"这家伙真不错。"

每天下班回家时，我手里都会有一沓名片。可惜这些名片都设计得太平庸了，上面的信息很有限，制作名片的纸张看起来也缺乏光泽，有些还皱皱巴巴的。在这个社交媒体大行其道的世界，一张长约5厘米、宽约2.5厘米的印刷品有什么值得我注意的？一个自封的头衔？或是名片上的公司徽标？噢，看哪！这张名片不是纸做的，它是塑料的，上面是金色的压花刻字。我这辈子唯一用过压花刻字的地方就是这本畅销书的封面。其实我的书也是一张能给人留下深刻印象的名片。

平常我们坐飞机的时候，座椅背后的置物袋里通常塞着一本购物杂志，你可以从杂志的目录中选购一款名片扫描仪（我不相信真的会有人买这种东西），或者你可以在手机或电脑上点开某个人的电子邮件签名档，他的邮件地址就会永久地保存在你的联系人名单中了。

除非你是日本商人，很想借双手递名片的机会向对方鞠躬，否则还是把名片留在属于它们的20世纪90年代吧。

**迟到**。没有什么比迟到更严重的了。如果某个人和我见面时迟到，或者我去赴约时觉得快要迟到了，我的身体就会出现过敏反应，这是典型的瑞典式作风。正因如此，假如我要到城市的另一边赴约，却在路上遭遇堵车，我会马上下车，一路小跑过去。有一次参加会议的路上堵车，我一口气跑了30个街区，赶到会场时，早已汗流浃背，我也因此而被所有人记住。迟到是一种很不礼貌的行为，但如果你真的快迟到了，就在意识到自己要迟到的那一刻给所有人发一封电子邮件，解释你迟到的具体原因。然后当你赶到时，只要对他们说："真的很抱歉，我迟到了，遇到了点突发状况。"不必大肆渲染你刚刚经历过什么事情，没人想听这些，那只能让局面更糟糕。

**冥想时刻**。开会间隙，我会把自己锁在车里，做一次冥想。我每天至少冥想一次，当我感觉特别郁闷又无处发泄时也会做一次冥想。外面下着雨，我摸着车窗，手指在车门边缘的不锈钢装饰条上移动，感受着触感如奶油般丝滑的真皮座椅，就这样和它待在一起。

冥想的关键在于，不要带任何评判的眼光去看待周围事物，不要试图给它们贴上任何标签；不要去想这张皮椅是白色或黑色的、冷的或热的；不要用大脑去思考，你只需感受它，接受它。如果可以，用心去体会，让这一切变得有意义。冥想能让我瞬间摆脱压力，帮助我改变看问题的角度，屏蔽周围嘈杂的声音。你还可以向身边的小孩子学习。观察他们的一举一动，从他们身上学习如何全神贯注地活在当下。

你也可以在洗澡或沐浴时试一下这个方法。不要做判断，只要仔细观察水流，观察水蒸气，听周围的声音。无论是在和别人开会时，还是开车经过时代广场时，又或是在机场安检线外等待安检时，我都会做冥想练习。周围越是繁忙喧闹，冥想的效果就越好。一天当中，你一定要找个时间让自己静下心来，将一切拒之门外，感受当下。

你听说过《当下的力量》(The Power of Now)这本书吗？如果你想学到更多知识，不妨读一读这本书。下面这个方法很有趣，你也可以尝试一下：盯着这行字的空白处，让视线逐渐变模糊；注意聆听房间里的声音，然后再仔细听这些声音的背景声。你会发现，眼前到处都是让你可以舒畅呼吸的空隙，于是你在这一刻得到了解脱。我敢保证，"冥想时刻"会帮你冲刷掉许多烦忧。学会了冥想，幸福就只有咫尺之遥。生活也许太疯狂，但你已经找到了自我拯救的方法。

好了，现在让我们继续刚才的话题吧。

晚上6：00~7：00，这正是我追赶竞争对手的时候。我赶回办公室，乔丹手里有一大堆文件等我处理。我要审阅这些文件，然后和团队一起把所有待办事项检查一遍，还要审核第二天房地产开发会议要用的书面材料，并要求下属做一些必要的修改。

我还常用这段时间接受采访。今天我接受了《华尔街日报》(Wall Street Journal)的专访，谈了一些与纽约房地产现状相关的问题。然后坐在第五大道中央的椅子上拍了张照片。我要把这张照片放在社交媒体上，用来推广我的新书。

晚上7：00~7：30，紧张的节奏开始放缓。在这个时段，我通常会参与一些与工作相关的活动，如参加开幕式，或带客户看房。我必须以最饱满的精神状态出现在这些场合，虽然有时很难做到（这要取决于我白天消耗了多少精力）。如果精神疲劳，我会喝一杯加了8勺抹茶粉的抹茶拿铁咖啡。我不想让自己看上去不修边幅，所以经常在车后座上放一把梳子、一支牙膏、一把牙刷、一套新衬衫和西装。

晚上7：30，晚餐吃点什么？如果我不用参加与工作相关的活动，德雷克和我会一起商量晚餐吃什么。有时我们在外面吃，有时在家里吃。但无论在哪里吃晚餐，我仍会处于工作状态。在这段时间我会继续回复客户的电子邮件，接一些重要的电话，直到德雷克催促我放下工作，安心吃饭。

晚上8：00，我已经回到了公寓。这是一天中最舒适的时刻，但有时我很难让自己放松下来。在过去几天里，我们团队赚了100万美元的佣金，而我回复了成百上千封电子邮件。忙着销售有1 000套公寓的楼盘，拍了很多外景，就连高踢腿的次数都比以前多得多。与此同时，我还要忍受健身引发的肌肉酸痛。接受了一整天的信息轰炸之后，我很难让自己静下心来。

德雷克正在一边画画，一边跟我讲述着他今天的经历。他看起来很平静，他的画作也呈现出一种静谧的气质，我很羡慕他。我想走进他的画中，一直住在那里。我注意到我只用一半的注意力在听他说话，另外一半仍放在我自己一天的经历上。有时我会在这个时间洗个澡，冲洗掉身上的压力，然后和狗狗们一起坐在沙发上，偶尔还会喝一杯红酒。

我不看电视，也很少去电影院看电影，也不常看书。我喜欢整个人陷在沙发里，尽情放松自己。我知道这一天我已经全力以赴了，我的努力程度超出了自己的想象，像打仗似的度过了这一天，回到我温暖的小窝。德雷克还在画画，狗狗们已经睡着了。可能我会看一下社交网站，查看粉丝们的评论，并回复几个人。我看了一下早上在办公大楼里拍的纽约街景，很美，我很高兴目睹了那片美景。

在某些时候，我也要摆脱对手机的依赖。人们常说，我们要像控制恶魔一样用盒子把手机装起来，塞进衣橱，但我还没掌握这项技能。我想在这里提醒自己试一试这种方法。我以前经常在半夜醒来查看电子邮件，这会导致我心跳加速，降低睡眠质量，不过我现在已经不会再因为手机"起夜"了。

**晚上9:45**，马上放下手头工作，上床睡觉。我知道你很难接受这一现实：我从不认为通宵达旦地工作能帮助你取得成功。睡眠可能是你日程表上最重要的一项，它对你的成功有着不可替代的作用。乔丹知道，我的"8小时睡眠"是雷打不动的习惯，其他都好商量。

**凌晨**。人们在深夜通常会觉得头昏脑涨，尤其是成功人士，但千万别习以为常。在黑暗中，你可能会有一种莫名的焦虑感，并产生一些奇怪的想法。问题越来越严重，直到你感觉遭遇生存危机。或许产生这些问题的根源在于黑暗的环境或大脑自我净化的方式。

我说的不是梦境，而是你因为无法入眠产生的负面想法，它就像一个杞人忧天的老师，总是对你喋喋不休。有时我会在半夜醒来，问自己为何凡事都力求完美，为何在身边建造一个随时会崩塌的纸牌屋，为何没有充分地回馈他人、关心他人。我只是偶尔会产生这些想法，但每次都是发生在晚上。而这正是在我与自己的思想独处时发生的，因为我白天为了生计而奔波，根本无暇顾及这些事。

我小时候很怕黑，而且非常担心我家楼下洗手间的洗衣机和烘干机后面藏着什么怪物。5岁时，我关掉了家里的所有灯后，逼着自己在黑暗中四处走。我坐在洗手间的地板上，让自己意识到那里根本没有怪兽。我现在还是会这样做，只要听到心里那个喋喋不休的消极的声音，我就会想办法摆脱它，然后继续睡觉。我意识到这只是一种想法，每个人都会偶尔产生这样的想法。我建议你也这样做：让生活这个旁观者离开你的房间，好好睡一觉。

## 如何接近顶尖人物？

跟了我一整天，学到不少东西吧？希望如此。也许有人会说，追求成功最简单的方法就是独自拼搏。我看过许多商业书籍，它们怂恿人们不听专家的意见，我行我素，而且你肯定也不想盲目追随他人。尽管这个方法偶尔管用，但想要成功，最高效的途径还是向成功人士取经。

在职业生涯早期，我做了许多新手都会做的事情。我想靠一己之力找到成功的捷径。我曾贪婪地认为，如果靠自己的力量取得成功，就不用和其他人分享财富和荣耀了。这种想法既短视又愚蠢。假如可以重来，我不会再这样想。如果你真的想在事业上迅速取得成功，那就打听一下哪些人做过你想做的事情，并考虑免费为他们工作一段时间。你要找到你的"启蒙恩师"。

"启蒙恩师"从事着你梦寐以求的工作，而且他还是所在行业的顶尖人物。你该如何找到他？很简单，通过网络搜索引擎。每一个行业都有顶尖人物排行榜。跟随成功人士学习一天，所汲取的经验不亚于在大学里读一个学期书。

通过追随顶尖人物并观察他们的行为，你可以从中学到些什么？假如你初出茅庐，你可以观察他们的穿衣打扮、研究他们的说话方式、还要学习他们如何安排工作日程。你会看他们管理团队、激发团队活力的方式。你可以做他们的免费随从，给他们倒咖啡，像海绵般不断地吸收新知识，学习他们做生意的方式，并感受他们身处的环境。仔细观察他们是怎样打电话、主持会议、做研究、安排日程的。他们数十年的知识和经验会直接注入你的大脑。当你观察成功人士时，要记得给大脑留足空间，因为有大量的信息正朝你涌来。

这种学习方法还有一个额外的好处：如果你证明自己值得长久地留在成功人士身边，你的身价也会水涨船高。你下半辈子都可以对别人说，你曾经和某位名人合作过某个项目。

谈到快速开启职业生涯的问题，我想以我的助理们为例。将来他们可以对别人说，他们曾是特朗普休南酒店销售团队的一员，这可是一幢拥有391个单元的奢华酒店式公寓。这样的工作经验肯定会给他们的简历增添光彩，带来许多工作机会。以后去面试时，他们可以说："弗雷德里克·埃克伦德教给了我很多东西，能与弗雷德里克和他的团队合作，一步步看着团队成为销售冠军，这真是一种奇妙的经历。"

那么，你打算如何在我的团队中争取到这样一个令人羡慕的职位呢？

很多人想从我这里得到一份工作，学习我的经验。我每天会收到至少三封与此有关的电子邮件。他们在邮件中大篇幅地诉说自己的人生，讲述他们与众不同，我非聘请他们不可。但这种电子邮件是根本没任何作用。你发出自荐信越多，它们的作用就越小，请停止这种行为。因为我没时间来看你关于房地产行业的大学论文，也没时间听你诉说自己是三个孩子的母亲，为了补贴家用，准备重新投入工作。我很忙，没有多余的时间和精力看那么长的文字。其他行业的名人也是如此。只有充分利用时间，提高工作效率，我才能赚到几百万美元，保持行业领先的地位。

但最大的问题不是电子邮件本身，而是每个人都用同一种方法，发同样的电子邮件。如果想让某位名人关注你，并考虑将你纳入他的团队，那就要表现出你的与众不同。

告诉你一个秘密：我在纽约待了12年，从没人来过我的办公室求职。倒是偶尔会有几个可爱的澳大利亚人扛着摄像机来，每到这时，乔丹就会让我从后门坐电梯离开。

现在无须招聘新员工，所以我不会怂恿你来办公室找我，只是想鼓励你去主动拜访你所在行业、国家或城市的名人。假如你站在我办公室的大门外面，握着我的手说："我没有像其他人那样给你发电子邮件，也没有想约你见面，因为我知道你更希望直接在这里见到我。"这就像是你递给我一杯不加糖的星巴克抹茶拿铁，里面加了八勺抹茶粉和脱脂牛奶，然后告诉我："我知道这是你的最爱，从午餐到现在已经3个小时了，你需要放松一下。"我并不需要你一开始就做出什么贡献，而是要你证明自己做足了准备。

我面试过一位名叫内森的年轻人。当他走进我办公室的时候，手里拿着一份很长的清单，上面有曼哈顿所有高端楼盘的信息（大约有25页）以及纽约市所有开发商的信息（大约有40页）。他记下了上面的所有信息，并对我说，他已经准备好进入房地产行业，而且要帮助我成为业内第一（根据《房地产交易》杂志发布的排行榜，那时我在纽约市房地产行业的排名是第19位）。内森如今已经在我的团队中工作，入职后的18个月里，他共售出了价值6 000万美元的房产。

摇滚巨星"猫王"埃尔维斯·普莱斯利说过："少说多做。"名人总是很忙，他们没有太多时间可以浪费。如果想从他们那里得到一份工作，一方面你要了解自己，明白自己的特长是什么；另一方面，你还需要了解他们所面临的挑战和他们的需求，然后做足准备。这样一来，不用得到名人们的首肯，你就已经有能力为他们工作了。了解你自己的关键在于你要了解你是什么样的人,而不是想当然地认为你是什么样的人。让我告诉你一些认识自我的秘密吧。

## 怎样加入顶尖团队?

**知道谁是"守门员"**。顶尖人物的助理是谁?助理手中掌握着走进城堡大门的钥匙,顶尖人物不需要自己安排日程,这些工作都由助理完成。助理的工作就是阻止你接近顶尖人物。如果你粗鲁、傲慢地对待助理,就永远也见不到目标人物。一言以蔽之:要与人为善。

我的助理全名叫乔丹·谢伊。聘请乔丹之前,约翰和我花了很长时间去寻找新助理。我们面试了十多个求职者都没找到合适人选,直到听说了这个了不起的年轻人。

我永远也不会忘记和乔丹见面的那个夜晚。这家伙简直就是个天使,上帝派他下凡,让他成为我们团队中的一员。他举止得体,像超人一样充满能量,优秀得难以置信。他的知识结构也是我们需要的。在交谈中我产生了一种错觉,好像他偷看过我和约翰的往来邮件,知道我们要找哪种类型的人。

乔丹当时直视着我的眼睛说:"你们缺少一位首席运营官,这个人必须能帮你们管理团队,整合业务流程,让整个公司变成一台运转良好的机器。而你们现在的情况很糟糕,让我加入,我会把一切安排得井井有条。"他打了一个响指,脸上带着善意和绝对的自信。我顿时哑口无言,朝约翰点了点头,认定乔丹就是我们要找的人。

进入公司后,乔丹的确把事务处理得井井有条,给公司带来了很大的变化。如果公司是一台机器,他就是"润滑油"。他还负责安排我们所有的行程、管理所有来往电话和邮件。如果你想来拜访我,就得先过他这关。而当你贸然前来时，他已经悄悄地把我送进后门电梯，并告诉你我去度假了。你想接近我，就得先博取他的欢心。如果你想讨好他，就千万别在发给他的邮件中称他为"谢伊小姐"，否则就暴露了你没有做足功课，不知道"谢伊"其实是一名男性的事实。

你怎样才能知道"谢伊"是位男性？又怎样知道他是否已婚？他最喜欢去哪家餐厅？大多数助理或秘书都喜欢活跃在社交网站上，但"粉丝"不多，所以更愿意与别人沟通。通过网络搜索，你可以收集一些有用信息，这样肯定比盲目地打到我们公司的前台要好一些。

找到了"守门员"，接下来你就要思考如何攻破他的防线了。要知道，助理的理想是与顶尖人物共创未来，而且他们希望工作更轻松，而不是压力更大。你可以向助理提供一个想法或一条信息，让他对你刮目相看；再给出一条有用的建议或线索，让他迫不及待地想与上司分享。相信我，如果乔丹对你做的某件事感兴趣，并觉得我会喜欢上你的创意，那么你就有机会引起他的注意。我信任乔丹，喜欢和他分享我的快乐，并且经常征求他的意见，让他参与一些规划性工作。总而言之，如果你能博得助理的欢心，就有可能获得与顶尖人物面对面交流的机会。

**提升自己的信誉度**。事实能建立信心，并赋予那些了解事实的人以权威。你不但要研究某位顶尖人物，还要研究他所在行业的相关事实和统计数据。只有这样，你与他见面时，才能对他说："我对你（或贵公司）所从事的业务非常熟悉。"每个行业都有其标准。如果你想向某个行业的顶尖人物推销自己，最好事先要了解相关的行业标准，否则将遭遇尴尬的局面。比如你想从我这里得到一份工作，却不了解房地产行业的相关信息，我就会知道你没有做足功课。关于纽约房地产行业，求职者最好能知道以下信息：

◆ 纽约通常有四种住宅地产可供出售，分别是独立产权公寓、无产权公寓、合作公寓以及联排别墅；
◆ 在曼哈顿，一套公寓的平均价格是 170 万美元；
◆ 纽约房价最高的社区是苏荷区（Soho）；
◆ 这个行业没有"标准佣金"的说法，我的佣金比例是 6%；
◆ 以下四个网站是你每天都要研究和浏览的：Curbed.com，TheRealDeal.com，StreetEasy.com（拥有者是 Zillow 公司），NYTimes.com；
◆ 如果想给我留下深刻印象，可以说出纽约市最贵的十大楼盘和最有实力的十大房地产开发商。

**了解自己的特长**。你知道自己有哪些天赋或与众不同之处吗？我在前文提到，要做真实的自己，了解真实的自己。假如你终于获得了与顶尖人物见面的机会，在刚开始的 30 秒内，你打算说些什么？答案就是：你既要展示自己的能力，也要说一些他们想听的话。例如：

我是理智与情感的完美结合体，这里（指着自己的脑袋）装着各种 Excel 表格，而这里（指着自己的心脏）有着无尽的温暖。我注重团队合作，无论哪种性格的团队成员，我都可以与之合作。

任何与我合作过的人都会告诉你，我是公司的重要资产，既可以为公司打扫卫生，也可以给公司带来百万级别的客户资源。

我一直在学习，不断充实自己，并且具有很强的适应力。

我已经做好了准备，今天就可以开始工作。让我们一起在通往财富的大道上放声大笑吧。

现在，你已经引起大人物的兴趣，他留下深刻印象了。

**恭维**。只要出于真心，恭维便能够收到奇效。告诉那位顶尖人物，你是因为他才来到这座城市的。他不但每时每刻都激励着你，帮你找到真正的自己，而且你已经做好了与他共事的一切准备。你要告诉他，你自始至终都是他忠实的追随者。你要将他称为"超级巨星"，因为这种叫法不但有趣，也为对方所受用。每个人都喜欢别人这样称呼自己。在踏入房地产行业的第一年，我的第一个经纪人[①]对我说："我要把你打造成超级巨星。"我一直把这句话记在心中。恭维不但无伤大雅，还能让别人记住你。

恭维他人时，要记住一个重要原则：你的话要出于真心。要真诚地赞美他人，不要妄图得到某种回报。如果你觉得某个人的发型不好看，就别对他说你喜欢他的发型。有一次我去参观一所公寓，进门没多久就对屋主说，我很喜欢浴室里面贴着的锯齿条纹型墙纸。但我心里在想：天啊，这什么破玩意儿！屋主做了个鬼脸，问我："你真的喜欢那墙纸？我们经常开玩笑说它像是心脏病人的心电图。我觉得在开始出售房子之前，要把它撕下来。"

其实我完全可以在那栋房子里找到自己真正喜欢的东西，而不必紧张地说一些虚情假意的话，来掩盖我认为屋主品味低的看法。接着我真诚地对他说："我很喜欢那个旧壁炉架。"屋主说："这是我奶奶

---

[①] 美国的房地产销售员一般分为：经纪人（Broker）、销售员（Salesperson）和伙伴经纪人（Associate Broker）三类。伙伴经纪人是指具有经纪人资格的经纪人，自己不单独开业，而选择在另一个经纪人的名下从事销售员的工作。这里作者应该是作为伙伴经纪人，在另一个经纪人手下工作。——译者注

从土耳其老家搬过来的,很高兴你能注意到它。"就这样,这笔生意成交了。尽管在墙纸问题上有些不妥,但我最终还是赢得了这位客户的信任。

一定要真诚地恭维别人。你可以找到任何你真正喜欢的人或事物作为话题。

**准备一套动人的说辞**。你有什么技能?你想得到什么?你要在三句话内向顶尖人物说清楚。他们的注意力都不持久,而且很多人都想占用他们的时间。如果你将与某位名人见面或通电话(不要满足于发电子邮件),并且想得到他的注意,那就要准备一套动人的说辞。假设我们一起乘电梯,电梯快速下行,而你有很多话要说。也许你会说:"你是房地产行业最优秀的人,有着无穷的天赋,而且你似乎也乐在其中。和你一样,我也是工作狂人,很喜欢创造新的纪录。还记得你刚创业的时候吗?我就是那时候的你,我很想为你效力,为你的公司创造更多的财富。"这时只听"叮"的一声,电梯已经来到一楼,所有人都走出了电梯,而你,已经给这位名人留下了深刻印象。

**说声"谢谢"**。无论这位名人是否以热情的态度回应你,你都应该手写一封感谢信,讲述一些他帮助你实现的奇妙之事。然后,就他特意为你做的某些事情表示感谢,并说一下你对上次见面的看法。给他的私人助理也写一封感谢信,请求其跟进这件事。

这样做有什么好处?它不仅表现出你的胆量和聪明才智,甚至还表现出你的疯狂,这正是名人所欣赏的特质。无论在哪个行业,要想取得成功,就先要找到正确的方法。成功人士都对成功有着热切的渴望,你可以从他们的眼神和行动中看出这一点。尽管你的朋友劝你不要表现得野心勃勃,但名人却很欣赏这一点,因为他会从你身上看到自己的影子。而大多数人只能循规蹈矩,无法更充分地表现自己。

请记住，你不是在乞求对方给你一份工作，因为这相当于你在向对方索取。你应该这样说："我们先不谈钱，听我陈述一些事实，我一定会让你印象深刻。之后我们再来谈待遇问题。"不管你做什么，就算借钱也好，做酒保也好，甚至把自行车卖掉也好，你最好凑到足够的钱去租一条船，邀请某位名人或某个你想加入的优秀团队出海游玩一番。

## "大门"为你打开了，然后呢？

进入"大门"后，千万别停下前进的步伐。如果能证明自己有十足的奋斗精神，你就会像这本书的压花封面一样散发出迷人的光彩。无论与谁共事，刚开始的几天犹如一场试驾，你要做一辆跑车，而不是高尔夫球车。你要做些什么，才能让别人注意到你、欣赏你，并成为团队不可或缺的成员呢？

**随叫随到**。这是很容易做到的事情，但实际上没人能做到。无论老板什么时候走进或离开办公室，你都要在场。如果你是我的员工，我上班时你就要带着微笑对我说："早上好，弗雷德里克。"而我下班时你要带着同样的微笑对我说："晚安，弗雷德里克。"

**向所有人介绍自己**。在与他人初次见面时，如果你恭维对方，会给对方留下深刻的印象，甚至让他们有点受宠若惊。当你再次与其见面时，只要礼貌地称呼对方的名字，就会被记住。必要时，随身携带一份名单，上面包含了从收发室大叔到老板孩子的姓名（甚至可以把老板宠物狗的名字也记在上面）。每当有人问我"小弗里茨"和"小老鼠"过得怎样时，我通常会把他们归入"我喜欢的人"这一类别。

**为同事端茶倒水**。把工作场所想象成家的延伸，多做一些体贴的事情。把办公室用餐区或休息区打扫干净，带点零食和大家分享，在前台放几盆鲜花。日久见人心，人们总会注意到你的。

**多交朋友**。不要问老板如何准备视频会议或如何使用复印机。找一位和蔼的同事，和他做朋友。这个人必须要熟悉公司的运作流程，而且愿意把公司的运作模式、办公室政治，以及每个人的性格毫无保留地告诉你。你不想因为占用办公室冰箱过多的空间而引起同事间的争吵吧？

**要有热情，但不要过分热情**。你要表现出乐于助人、随时听从指挥的态度。在试用期，要及时接听电话和回复邮件。如果老板找你，必须随叫随到。如果你想在某个团队中获得一席之地，就要保持满腔热情，积极主动地去做事情；但又不能有求必应，在答应别人某件事前，一定要有充分的把握，不能做超出能力范围的事。

**在社交媒体上赞美你的老板和公司**。花 10 分钟时间，在社交媒体上赞美你的老板，让他（她）注意到你。你可以这样说："能和弗雷德里克·埃克伦德一起工作，我感到无比的自豪。"或者你可以给我在售的房子拍张照片，上传到社交媒体，然后配上这么一句话："我要存钱买房啦！"这会让我很开心，你也将有机会留在我的公司。这种方法同样适用于其他任何老板。当然了，如果你正在为 CIA（中央情报局）执行秘密任务，那就没必要这么做了。

**遇到问题要想办法解决**。不要只是嘴上说"厕所闻起来真臭"或"会议室真难预订"，做事要积极主动。你可以去买瓶空气清新剂，或者一块白板和一个记号笔，并建议公司制订一项会议室预订制度。每一个管理者或老板都希望团队中有能够解决问题的员工，而不是光说不练或制造麻烦的人。遇到问题时如果能够提出解决方案，你就大大地提升了自身的价值。

**了解自己的需求**。无论参加什么会议，我都有一个明确的目标，我们不会无缘无故地开会。这同样适用于日常工作。你要知道在一天内要达到什么目标，然后着手去实现它。否则你的这一天（还有你自己）就变得可有可无了。

　　带着真诚、热情和乐于助人的态度去工作。几周后，你会发现自己居然得到了与老板独处的机会。接下来你需要计划好要说什么，例如："对你和公司深入了解之后，我认为自己非常适合你的团队。你还需要了解更多信息，以证明我适合这份工作吗？我的下一步工作是什么？"然后勤加练习。

　　做到以上几条，你就在通往成功的路上迈进了一大步。

# 第 4 章

## 扮演好自己的角色

### 尽量让自己容光焕发，精神饱满

小时候每逢圣诞节前夕，我们全家都要去北欧百货商店①为家人挑选礼物。我们各选各的，选好后到柜台请工作人员为我们包装好礼物，只有我妈妈没有这样做。她要在当天晚上亲自在厨房里包装她所挑选的礼物。在北欧百货商店，礼物包装是一门艺术，负责这项工作的员工都接受过专业培训，在 20 世纪 60 年代，我妈妈在那里的包装柜台工作过，所以也接受过相关培训。

我为妈妈高超的包装技艺而折服。她包装礼物不需要交代等任何辅助工具，只是用折叠的方法，而且不会露出包装纸的边角。等她包装好之后，我们常常将她的礼物的包装同家里面其他人的礼物包装进行对比：唯一的区别就是包装纸的样式不同。

我妈妈在参加北欧百货的礼物包装培训课程时明白了一个道理：无论花多少钱买一份礼物，只要你对其倾注了爱心，花费了很多心思，并且包装得非常漂亮，那它就是一份完美的礼物。她说即使我只送她

---

① Nordiska Kom Pani6t DePartment Store，瑞典著名奢侈品百货商店，坐落于斯德哥尔摩市中心，成立于 1902 年。——译者注

一件价值5美元的礼物，但只要包装精美，她就非常喜欢，那与一条蒂芙尼（Tiffany）钻石项链给她的惊喜是一样的。

现在，让我们讨论一下如何包装并展示你自己。早晨起床后，如果你没有精心打扮就出了门，那就像是用一张牛皮纸来包装你的圣诞礼物。无论礼物是什么，它黯淡粗糙的外观已经让人们失去了兴趣。

尽管这听起来像电影《美国精神病人》中的男主角帕特里克·贝特曼（Patrick Bateman）所说的话，但每一位成功人士都会在早上起床时提醒自己，他的形象和自我感觉与他当天的行为表现有100%的关系。如果你穿着邋里邋遢、说话瓮声瓮气，那你的一天就算是毁掉了。所以每天早晨，你的首要任务就是完美地包装自己，让你的形象符合你的个性和所销售产品的风格。

我买的第一套高档西装是黑色的。当时我正在14街区的杰弗里男装店看衣服，据说它是这一区顶级的男士服装店，不过这个说法尚存争议。我的新客户——当时热门的真人秀节目《粉雄救兵》（*Queer Eye for the Straight Guy*）的主要嘉宾之一卡尔森·克莱斯雷（Carson Kressley）刚好走进店里。在他的鼓励下，我试穿了一套价格高昂的克里斯汀·迪奥（Christian Dior）品牌黑色西装。"你穿这套西装真帅气，"他对我说，"你应该把它放进自己的衣橱。"于是我买下了那套西装。因为他就站在我面前，说它很适合我，同时我也羞于承认它超出了我的预算，但最重要的是我想给他留下深刻的印象。那套西装的确很适合我，但要让我穿着价值2 100美元的西装来一个高踢腿，我可承受不起。

对那时的我来说，花2 100美元买一套西装简直太疯狂了，但后来我逐渐明白了那套西装赋予了我一种超能量。穿着那件"黑色战袍"，我创造了高出其他人一大截的业绩。如今，那套迪奥西装还挂在我的衣橱里，它给了我一种压力，提醒我要提高穿着的档次。

与此同时，我的自信心也在不断增强，更容易说服人们来买我的产品。我一直觉得，只有百万身家的人才会穿这种衣服，所以为了与它相配，我决定比以前更努力。后来我的确穿着那套衣服赚了数百万美元。

## 穿出你自己的味道

现在，取下你墙上的海蒂·克鲁姆[①]海报，我们要来点真格的了。我要提供给你一些穿衣打扮方面的建议，这是最精彩的部分。

我一直要求刚入门的销售人员把佣金的10%用于穿着打扮，因为只有看起来光鲜亮丽，你才能在生意中赚到更多的钱。我知道其他书籍常常告诉你要存下10%的收入用于养老，但我劝你忘掉这种说法。买衣服的这部分资金将带给你更多生意，你很快就能赚到足够的退休金。现在，让我具体讲述一下这笔资金的用处。

**定制服装**。无论男女，在穿着方面最易犯的错误就是去店里买来衣服后不加直接穿在身上，不管是否合身。你的衣服一定要非常适合你，甚至能扬长避短。逛服装店时，你有没有从塑料模特的背后打量过它们？它们的衣服都用大头针或回形针一寸寸地夹起来，所以才显得非常贴身。当然了，假如你的衣服上挂满大头针或回形针，穿起来肯定难受，所以你需要一名裁缝。

如果你出于工作需要必须与别人面对面交谈，那就更需要一位经验丰富的裁缝。我所有的衬衫和西装都是按照我的身材精心剪裁过的。我刚买来的西裤都没有褶边，之后会让裁缝把它们裁改成适合我的长度。每一位想看起来更加专业的职场人士都应这样定制衣服。我

---

[①] 德国模特、影视演员，曾是"维多利亚的秘密内衣秀"专属模特。——译者注

的衬衫剪裁费用一般是每件 40 美元，西装则是每套 100 美元。

告诉你一个秘密：去一家不是很贵的品牌店买衣服，再把衣服拿给裁缝修改，如果他有精湛的技艺，会把你花 400 美元买来的西装改成像售价 4 000 美元的高档西装一样。

**避免穿颜色偏暗的衣服**。如果人们衣服的颜色都是偏暗的色调，就会显得无精打采。黑色或灰色的衣服过于普通和单调。想穿得像杂志模特那么引人注目吗？你可以选择一套材质、款式或颜色与众不同的西装。在过去五年里，我从没买过灰色或黑色西装，因为我想让自己的衣橱内多一些明艳的色彩，而且鲜亮的衣服能让我在工作时引起别人的注意。

在我的衣柜中，有一套红色羊绒西装是我的最爱。当我登上《美国周刊》(Us Weekly)"最佳着装排行榜"(Best Dressed list) 时，就是穿着它去参加的庆典，因为我觉得这件西装让我看起来很性感。当时正值纽约最炎热的 8 月，赶到会场时我已经大汗淋漓。会场里我遇到了著名主持人安迪·科恩，他一看到我就问道："你怎么汗流浃背的？"而那位著名的女歌手伊芙 (Eve) 在会场的另一边尖叫道："我喜欢这套西装！"我立刻跑过去和她合影，然后把照片传到社交媒体上，并互相在照片上圈出了对方。全世界成千上万的人给我点赞，我的粉丝量暴涨，来一个高踢腿！

无论你穿什么样的职业装，都要记住：由于其自身的性质所限，所有的职业装都是中规中矩，没有个性的。既然如此，为什么还要穿着它让你看起来更加传统呢？你是极度保守的人吗？不。你要为黯淡的生活增添亮色，因为你是一名高踢腿学员。

奥运会赛场上，每个运动员都穿着相同款式、不同颜色的运动服，以证明他们属于不同的队伍。而在职场上，大多数人都在为黑色或灰色的"队伍"效力,所以你要找到属于自己"队伍"的颜色。

**找准你的穿衣风格**。不要为了穿衣服而穿衣服,尤其当衣服不合身时,就更加不能将就。我不知道为什么人们这么喜欢穿单调无味的西装或套裙。你要穿得舒服、穿得个性;要让自己穿得像个百万富翁,这样才有机会做大生意。你的衣服就是你在销售舞台上的戏服。如果你习惯于黑色牛仔裤加马球衫,或者女士衬衫加短裙,那我建议你换个风格。

难道我看起来不性感吗?在炎热的夏季,我居然穿着一套羊绒西装,没有什么比这更性感的了。下次再登上《美国周刊》的"最佳着装排行榜",我可不会再犯类似的错误了。

我只要戴上一条印有小腊肠犬图案的领带(我有多条这种领带),就有机会和别人谈论"小弗里茨"和"小老鼠";而在冬天我会穿着一件西装外套和一条滑雪裤,跟别人笑着说我来自瑞典;我还有八副眼镜。事实上在做过眼角膜手术后,我根本不需要戴眼镜。但是因为长了一张娃娃脸,戴着眼镜能让我看起来更有威严。至于我是不是真的会因此变得更有威严，每个人的看法都不同，但至少戴着眼镜能让我产生这样的感觉，进一步增加我的信心。

## 细节决定质量

**一抹亮色**。你不喜欢穿红色羊绒西装或蓝色牛仔套装？没关系，还是有办法用一抹亮色打破沉闷的服装配色，彰显你的个性，让人们知道你不是一个过于严肃的人。试着戴上一条鲜艳的领带或围巾，这就像对别人说："我充满信心。"一双彩色袜子也能产生同样的作用。

我喜欢搜罗彩色袜子，它们占掉了我衣橱的大半空间。我的袜子既有国旗图案的，也有波点和美元印花的。彩色袜子已经成为我的个人标志之一，而且我会把各种颜色和款式的袜子混着穿。例如左脚穿一只青绿色袜子，右脚穿一只粉色袜子。当人们问起时，我会面带笑容地反问他们："很有趣，对吧？"这样他们就会记住我。那些袜子也帮助我做成了很多笔生意。

顺便说一句，我经常和别人提起自己有穿彩色袜子的习惯，并带来了不少笑声，也因此结交了很多朋友。

**鞋子**。每个人都会注意到你穿的什么鞋子。你的鞋子可以让你走起路来更舒服，也可能让你的穿搭显得不协调。你要通过鞋子给别人留下良好的印象。刚入房地产行业时，我就是穿着一双满是破洞的运动鞋完成第一笔交易的。那双鞋并不好看，但那时我没有钱买一双更好的鞋子。低头看看你的鞋子，它们是款式新颖还是又脏又旧？就算别人不是大侦探福尔摩斯，也能从你的衣着中推断出一些事实。如果你穿着一双破烂的鞋子，别人会认为你没有能力赚钱，更严重的是，他们会认为你不注重细节。

## 第 4 章 扮演好自己的角色
尽量让自己容光焕发,精神饱满

在买鞋这个问题上,男人和女人表现得截然不同。女人总是买太多的鞋子,而男人的鞋子总是不够穿。就算你不是《欲望都市》(Sex and the City)中的凯莉,也请你在鞋柜里摆上几双高档鞋子。顺便说一下,你知道美国人平均每 8 个月才买一把新牙刷吗?朋友,你应该每个月换一次牙刷。我之所以提起这件事,是因为这也同样适用于鞋子。不要等鞋子烂得不能穿了才想起换新的。你要在恰当的时候买新鞋、擦鞋或者换鞋底。我会定期把鞋子拿去保养。你也可以把不需要的或不想穿的鞋子捐赠给慈善机构。

如果你每天要走很多路,那么你更需要一双合适的鞋子。买鞋时,要买那种有机材料制成,而且必须是针线缝制的,不要选择胶粘的鞋子。我有一位从事鞋类业务的朋友,他告诉我说我们的双脚在白天会不断肿胀,到了晚上会达到肿胀的极限,所以晚上是买鞋的最佳时段,这个时候试的鞋子如果大小合适,那么在其他任何时候都合适。他还说我们的脚一般都是一只大、一只小,所以试鞋时一定要两只一起试,以较大的那只脚为准。而且鞋子根本没有"越穿越大"的说法,如果你穿上鞋子在店里走几圈后觉得不合脚,那就不要买。否则你的脚就要受苦了。

我妈妈以前常说:"生活中要学会看鞋选人。"我不知道这句话是否正确,但一直在努力让别人从鞋子上看出我是一个优雅整洁的人。花钱买几双耐穿、时髦的优质鞋,再花一些钱让它们保持光鲜整洁,这是一项高效的投资。我对女人们总有穿不完的鞋子表示深深的敬意,而且她们换鞋子的速度比男人快得多。当然我也必须承认,女人与男人在穿鞋的习惯上完全不同。所以买鞋时你要量力而行,买几双常穿的鞋子就好,而且这些鞋子一定要让你走起路来感觉很舒服。

**手表**。手表就像一块广告牌。人们非常喜欢评论各自的手表,对它的关注甚至超过了结婚戒指。你要给自己买一款高档手表，以此给别人留下深刻印象。如果你现在负担不起一款优质手表的费用，那就存钱以后再买。如果在杂志的某一页看到你梦寐以求的某款手表，就把那页撕下来，贴到卧室的墙上。顺便说一句，我喜欢看到女人戴着又大又醒目的男式腕表，好像在告诉别人："别跟我耍滑头。尽管这是男人的世界，但在这里我说了算。我的手表比你们的都大，所以都给我滚开！我自己能搞定一切！"

我一直幻想着我的爷爷或爸爸能留给我一块高档手表，戴在手上会传承一种肩负起家族声望、成就和荣耀的深厚情感。但事实上我没有这样的手表，所以自己买了一块纯金手表。希望有一天，我能把它留给我爱的人。这块手表原价2.9万美元，我买的是二手手表，所以只花了1.3万美元。我不了解它的过去，但我把它的旧主人想象成一位特立独行、了不起的成功人士。

正如人们对汽车和冰激凌的口味有着不同的看法，大家对手表的态度也莫衷一是。不同的人喜欢不同的款式或品牌，这里没有对错之分。买一款适合你自己的手表，你可以戴着它招摇过市，也可以适当保持低调。它将成为你身体的一部分，或你的一位老朋友。不管失意还是辉煌时，它都陪伴着你。如果下一笔生意赚了很多钱，一定记得给自己买一块高档手表。

**头发**。在每月预算中，还要留出部分资金去找一位优秀的发型师来帮你设计一款帅气的发型。如果在街上看到某个人的发型很漂亮（如果你的客户发型很好看，那就更好了），就走上前去问一下他在哪里做的发型。然后你也可以去找那位发型师，放心地让他来设计发型。我们很多人喜欢在做发型时胡乱指挥，结果得到的还是与之前相差无几的难看发型。

"理发"和"设计发型"是两个不同的概念。有这样一句话:"头发是你永远脱不下来的'晚礼服'。"不妨这样想:你买了一件昂贵的裙子或定制衬衫,一个月才穿两次,但你每天都要带着自己的头发到处走,难道不想让它看起来更漂亮吗?漂亮的发型能够给人一种你是成功人士的感觉。哈佛大学的一项研究表明:漂亮的发型是专业人士最重要的形象指标,83%的高管认为一头"凌乱的头发"会破坏女性管理者的形象,而76%的高管则觉得它有损男性管理者的形象。

人们经常问我使用哪种护发产品,我用的唯一一种护发产品就是科颜氏品牌的"特效美颜保湿乳液"。它会固定住我的发型,保持柔顺并散发着淡淡的光彩。至于为什么会有这样的效果我也不知道,但确实很好用。我尝试过各种各样的护发产品,包括发蜡、发油、发泥……可是都毫无效果。

顺便说一句,每隔3周我就要花费275美元去做发型,但我并不觉得费用很高。刚到纽约时,我每隔两个月花12美元去理发店剪一次头发。现在只要一看到那时的照片,我就想要立刻烧掉。我特别想提到其中的一张照片,在这张照片中,我的发型非常难看,以至于我都不想把它放进这本书里。不过我还是把它贴出来了。经历了那次教训以后我意识到:重要的是能找到帮你设计出完美发型的人,花费则是次要的。

**仪容仪表**。小时候,我有一个难以克服的坏习惯——喜欢咬指甲。为了帮我改掉这个习惯,妈妈在我手指上涂了一些很难闻的东西,可当她一离开房间,我就立刻把双手洗干净继续咬。长大后我改掉了这个坏习惯,但有时还是会忍不住咬一下,是约翰让我意识到这是个多么糟糕的习惯。他的手指甲都是精心修剪过的。他对我说:"在房地产行业,我们不但要和客户握手,用手指着楼层平面图,向客户展示屋里的家用电器，还要递给客户签字笔，让他们在合同上签字。你那些被咬过的指甲会让人觉得你无法控制自己。而且如果你正在和别人谈交易，对方肯定不想看到你紧张地咬指甲。"他的话让我犹如醍醐灌顶。我立刻去买了一把指甲锉，放在床头柜上，以便随时使用。

从那以后，我见过很多房产销售员、律师或客户在达成交易时紧张地咬指甲。这是一种压力过大的表现，会让他们在谈判时缺少威严。我曾经也是他们中的一员，而现在我和一个成功戒烟的人一样，能注意到人们紧张地咬指甲时的细微动作。男士的指甲不能显得过于光亮否则会被当成"娘炮"；女士的指甲则不能太长，否则会被当成"女汉子"。你要打扮得自然、有自控力、真诚、不走极端。

就在那一刻，我意识到这头海象的发型都比我好看。

你还需要剪掉露在外面的耳毛和鼻毛。没人想看到你的鼻毛灌木丛似的从鼻孔里长出来。但很多人都不知道这是基本礼仪。你的两道眉毛也应该修剪一下，而且脸上千万不要留下唇印！

请经常使用腋下除臭剂，这样你的身上就不会有难闻的味道。如果你容易出汗，请使用强效止汗剂。也不要过度使用香水，因为这会像狐臭一样令人恶心。我一直使用香奈儿品牌的"白金男士"香水，每次只需喷一点儿在两只手腕上，然后用手腕在耳朵下方摩擦几下。

我妈妈常常这样使用香水。

**微笑**。笑容可以增加你的魅力。如果因为牙齿发黄而不敢笑，可以去医院做牙齿美白手术，或去街上的杂货店买牙齿美白套装。我们喜欢与面露笑容的人交往，而对面带怒色的人避之不及。微笑会让你显得更自信，因此也会获得更多机会。

我是经历了一番教训后才明白这个道理的。开始时，我很害怕接受现场采访。看电视重播的时候，我注意到自己惊慌失措、动作笨拙。随后开始意识到，没人愿意和这样的人共事，所以要想获得更多的生意机会，就要时刻保持微笑，哪怕是在参加CNBC的广播节目时。当这样去做时，我发现自己不再害怕接受采访了，想要采访我的人也越来越多。

不过，我们之所以要微笑，不仅因为它可以让我们赚到更多的钱，还能让我们保持健康——微笑有缓解压力、增强免疫力和降低血压的作用。微笑是一种天然的药物，可以释放血清素、安多芬和天然止痛物质，就像是一杯"快乐的鸡尾酒"。而且我们微笑时，脸部肌肉会向上提，让皮肤更加紧致且富有弹性，所以微笑也是一种天然的美容良方。

也许你会问："如果别人看到我拿着一本书在笑，而且是在傻笑，怎么办呢？"其实这正是你要达到的效果，用你有感染力的笑容吸引别人的注意，你的心情也会变得无比愉悦和兴奋。每天早晨醒来时对自己微笑，一周后，你会发现世界变得更加美好了。

当我顶着漂亮的发型，带着微笑，穿着剪裁合体的西装，戴着金表的时候，我觉得自己能征服整个世界。无论你从事哪种职业，哪怕是坐在小隔间里的一位客服人员，你也要让自己看起来光彩照人，这样你才会更加自信。而你的感受与你的态度有着直接的关系，如果感觉自己光鲜亮丽，你就会十分积极，这样才有可能表现得更出色。不管别人有什么样的看法，如果你自己以积极的心态面对工作，会发现每一天都可以过得非常快乐，同时可以不断地提升你的个人价值。

人们对你的第一印象都是在瞬间产生的，所以千万不要低估这一瞬间的力量。哈佛医学院与麻省总医院的一项合作研究表明：人们在初次见面的四分之一秒里，只会根据你的外表来评估你的能力和可信度。因此，我把每一天与别人的每一次遇见都当成初次见面，并做足准备。给人们留下深刻印象，是我创造更高销售业绩的必要条件。

很多东西我们无法把握，但我们可以控制自己的形象。如果我们能像北欧百货公司的员工包装圣诞礼物那样精心地包装自己，就相当于赠送给世界了一份精美的礼物。许多人根本不会展现自己身上的最大"卖点"！你不但要把自我包装变成日常习惯，还要把它变成一种象征着自爱的仪式。你要更上一层楼，看看自己是如何蜕变的！

# 第 5 章

## 保持你的职业竞技状态

### 努力工作，合理饮食，睡眠充足

前文提到，投身房地产行业的第一年，我就售出了价值5 000万美元的房产，并被提名为"年度最佳新人"。但与此同时，我也迷失了自己。

在参加颁奖典礼那一天，我走进洗手间，穿着那件对我来说十分昂贵的燕尾服。我曾想象过胜利时要穿这件燕尾服，摆拍时要穿这件燕尾服，彻夜庆祝时也要穿这件燕尾服。而现在我就穿着它，站在昏暗的灯光下，看着镜子里的自己。

我看到了自己的黑眼圈和蜡黄的皮肤还有鼓起的肚腩，看起来比真实年龄老了10岁。我售出了5 000万美元的房产，也终于在银行里存了些钱，但失去了健康，又有什么用呢？想到这里我十分失落。我很久没有去健身房了，饮食不规律，睡眠也不充足，更重要的是，我迷失了自己。

盯着镜子里那双疲惫的眼睛，我向自己做出一个承诺："我要重视健康甚于财富。也许在未来，我会既拥有健康又拥有财富，获得全面的成功。"

## 和全新的自己"结婚"

现在,你也该向自己做出终身承诺了。像我那样,和全新的自己"结婚"。请跟着我念"结婚誓词":

> 我,××(念出你的名字),请你××(念出你的名字)成为我的终身伴侣。我会珍惜我们的爱情,不论现在、将来还是永远,我都会一直爱着你,以你为荣,尊重你,尽我所能让你保持健康、快乐和睿智。我会忠诚地爱着你,无论未来是顺境还是逆境,是艰难还是幸福,我都会陪你一起度过。我会将我的生命交付于你。所以,请帮助我吧。

现在,当下成功的你可以亲吻未来成功的你。所有人开始鼓掌和抛鲜花,而我就站在宾客的最前排,给你们表演一个高踢腿!人的健康包括身体健康和心理健康,两者兼具的人才能称之为真正的健康。市场上关于饮食和健康的书籍很多,但为什么还有这么多人生病或发胖呢?政府的统计数据显示:61%的美国人体重超标,26%的美国人属于肥胖人群,即每4个美国人中,就有一个人超重或肥胖。大多数人没有意识到,你的身体健康不仅关系到你的感受,还会影响你的人生,比如收入。《劳工研究杂志》(*Journal of Labor Research*)发表的一份研究结果表明:经常锻炼身体的员工要比那些很少锻炼身体的员工收入高出9%。

有谁能做到睡眠充足、饮食健康,又有充分的时间锻炼身体,而且还能每天工作15个小时呢?你我都可以。只要做好规划,这是很容易做到的。我按照这三者重要性做了排序:首先是睡眠充足、其次是饮食健康、最后是身体强健。接下来我就可以按照这种排序来规划时间，并制定出自己的日程表了。我想象自己是一个提线木偶，而日程表就是木偶大师，我在它的操纵下行动。

我们都知道，合理饮食和定期锻炼能降低患上心脏病、癌症和骨质疏松症等疾病的风险，最新的研究指出：锻炼身体能提升我们的专注力、抗压能力和创造力，并让我们变得更加聪明，从而间接提高我们的收入。

奥运会选手并非天生的运动健将。他们终生致力于体育运动，做大量的体育训练，才能达到竞技水平的巅峰。他们与家人分开，用4～8年的时间进行训练；要学习营养学、生理学和形象学等课程；每天晚上还要有8～10个小时的睡眠时间。换句话说，他们把养生当成了工作的一部分，而这样做的回报也非常丰厚，他们实现了健康和运动事业的双丰收。

你也想得到丰厚的回报吗？想成为自己所在行业的巅峰人物吗？那么，睡眠、饮食和身体就需要成为你工作的一部分。如果说人生是一场长跑，那么，身心健康不但能助你跑完全程，还能帮你拿到冠军。

我刚到纽约时，去健身房锻炼是日常生活的重要组成部分，不仅因为我意识到拥有健康的身体将利于我事业的发展，还因为我认为自己的身材很棒。我在切尔西区的大卫·巴顿健身房注册了会员。那里的男士穿得都很少，而且房间到处都有镜子，甚至包括天花板。在那里炫耀身材让我感觉很好。但除此之外我并没有真正的目标，所以很快就对此失去了兴趣。

在进入房地产行业的第一年年底，我犯了一个很多忙于工作的人都会犯的错误：由于大部分时间都在工作，我忘记了要保持身体健康和良好的身材，结果变得和其他销售员一样，身体发胖，免疫力下降。

经历了此番教训我才意识到，我的出色的能力、情感生活和创造力都遗落在那家健身房了。

现在，我把做好一些真正让我感觉舒服的事情作为目标。我的健康就是工作的一部分，而且健身并不局限于健身房，我更喜欢在户外运动。爬山是我最喜欢的户外活动，它能激发我的能量；我也喜欢在河边跑步，它让我内心平静；公园也是一个锻炼身体的好地方，只要有让我到处走动的空间就行。关键在于，我要把锻炼身体作为每天必做的事情之一。

为事业打拼是一段漫长而艰辛的旅程，你要有结实的双腿、强健的心脏和清醒的头脑，才能保持巅峰水平。如果你正在为事业拼搏，每天非常忙碌，你会发现没有太多的时间养成健康的饮食习惯，也没时间去健身房，可这正是你必须要坚持合理饮食和日常锻炼的理由。你的世界在飞速转动，你既要呐喊，又要埋头苦干，没有强壮的身体怎么行？

你所面临的最大挑战不是来自外界，而是来自你的内心和身体。食物的营养程度、锻炼强度、睡眠质量这三种因素直接影响着你的工作效率。在身体健康和生活幸福这两个方面，我是不会坐任何妥协的，你也不应该妥协。有时候，我也会感觉到身体发冷、脑袋昏沉、反应变慢，难以支撑下去。但如果我睡够了8个小时，在早上健身后喝一杯蔬菜汁，然后仰望天空，我就会感到自己依然能够征服世界。

我们一生都在与自己讨价还价。例如我非常爱喝红酒，但如果喝得太多，第二天就没有很好的精神状态，所以如果第二天要参加一场重要会议或完成一笔重大交易，我绝对不会沾一滴红酒。如果因为贪杯而失去一笔500万美元的生意，那这酒就太昂贵了。

你以为你在有线电视上只是花费了每月79美元吗？你可以用看

电视的时间做很多事情，比如创建梦想中的公司、去健身房锻炼，或写一本一直想写的书、读一直想读的书、策划一场重大活动。不要只是坐在沙发看那些无用的肥皂剧，如果这样，我宁愿你做个美梦，让大脑休息一下，迎接第二天繁忙的工作。现在，你知道不断地切换电视频道给你造成多少损失了吧。

下面是我每天都在使用的一些小窍门，它们帮助我像职业拳击手那样完美地完成自己的工作。而且这是经历了数年的实践才摸索出来的"灵丹妙药"，只要认真学习并应用于生活，你会发现世界将发生神奇的变化。

## 像职业拳击手一样训练

职业拳击手取胜的关键因素是什么？专注力。专注力就像肌肉，我们锻炼得越多，它就越强。作为21世纪的"职业拳击手"，能让我们分心的东西比历史上任何时候都要多。手持棍棒的原始人不会分心。猎取食物时，他们高度警惕，注意力完全集中于手上的工作，好像它决定了自己的生命。事实上确实如此，稍不留神，他们不但吃不到午餐，还会成为猎物的盘中餐。同样，那些做事专注的人会在竞争中取得胜利，而缺乏专注力的人则连参与竞争的资格都没有。

我要告诉你一些行之有效的方法，帮你提升专注力。

**多喝水**。约翰总让我多喝水。他常常发信息给我的司机阿尔伯特，让他提醒我多喝水，所以阿尔伯特会长期在车后座放上几瓶水。对于我来说，喝水不但能摆脱头痛的困扰，还会加速大脑运转。《营养学期刊》（Journal of Nutrition）的一项研究发现：轻度脱水（你没感到口渴时）会导致你的注意力不集中，而且会影响你的认知能力。专注力下降时你要多喝水。水是人体的重要组成部分，一定要及时给身体补水。如果隔了一小时都没去洗手间，我就知道自己没有摄入充足的水分。如果我因长时间开会而没机会喝水，就会利用去厕所的时间喝点水。噢，当然，还有查看电子邮件。

**不要浪费时间。** 哪些事情会浪费你的时间？你该如何发现它们？尼尔森市场研究公司的调查结果表明：美国人平均每天的上网时间是 1 小时，玩手机的时间为 1 小时 7 分钟，还要花费 5 小时看电视。每天 5 个小时，一周就是 35 小时，一年则是 2 600 个小时。我知道，一个常在电视上出现的名人现在劝说大家不看电视，有些不合常理。除非你想通过《芝麻街》①学习字母，或观看《百万金豪宅》学习我的销售技巧，否则，看电视只能是一种浪费时间的行为。你知道 2 600 小时可以做多少有意义的事情吗？尽情玩耍？睡觉？锻炼身体？赚更多的钱？你可能会对自己说："我多么希望有时间去做这些事情。"劳拉·万德坎姆（Laura Vanderkam）在她的著作《168 小时》（*168 Hours*）中指出："人们总是抱怨没有充足的时间，但他们并没有意识到自己把很多时间都花费在了无用的事情上。"书中还提到："诸如洗衣服之类的琐事不值得你花费宝贵的时间去做，所以你要把它们交给别人，以省出更多的时间去做有趣的事，让生活变得丰富多彩。"

**锻炼身体。** 到纽约后的第 2 年年末，我暗下决心，要在下一年里花更多的时间锻炼身体。但到第三年的时候，我开始谈恋爱了，也可以负担得起出国旅行的费用，并且在第一次去加勒比海度假时把肤色重新晒成了棕色。可是除了与人谈判之外，我的脉搏再也没有加速跳动过。我也没有再跑过步或骑过自行车。在那一年的新年之夜我看了

---

① Sesame Street，美国电视连续剧，利用动画、木偶等来让学前儿童学会认字、记数等。——译者注

一本书，书中说说我们的身体就是一座神庙。我觉得没有必要去崇拜这座神庙，但要对它加以修缮和维护，最好再放入一些鲜花和熏香。

我开始尝试着减少咖啡因和糖分的摄入，尝试用其他方法提神。我还会做一些让有氧运动来提高心跳频率。众所周知，体育运动有助于强化专注力，并让大脑释放有助于学习和记忆的化学物质。高强度的体育锻炼加快了我的肾上腺素分泌，让我每一天都保持精力充沛。在一场酣畅淋漓的锻炼之后，我会感到专注力提高了，目光会集中于最重要的东西上，忽略掉其他噪音。无论是身体上还是精神上，我都感觉自己变得更加强大，也更加快乐。当一个人进行了两小时的体育锻炼，大汗淋漓地从健身房里走出来时，他的意志就不会再消沉了。

**保持充足睡眠**。在进入房地产行业的第一年，我总是在办公室的洗手间里睡着。或许你不信，但我真的把脑袋靠在卷纸上就开始打瞌睡，直到听见隔壁传来冲马桶的声音我才会醒过来。

如果你一直睡眠不足，那现在最好改改这个习惯。新加坡国立大学医学研究生院（Duke-NUS Graduate Medical School Singapore）的一项研究发现：一个人如果睡眠不足，他的大脑就会加速老化。如果你每天晚上睡眠时间不足 6 小时，那就要仔细想想哪些事情让你花费了过多的时间。我请了专人照顾"小老鼠"和"小弗里茨"，还请了一名管家照顾我的饮食起居。这笔额外的支出收到了丰厚的回报，我得到了更多时间做其他事情。简而言之，如果你每晚睡眠不足 7~9 小时，那么你第二天的工作就会受到影响。

**找一个诱因**。如果你看过《百万金豪宅》，也许会注意到我偶尔会撅起嘴巴，这是我提醒自己集中注意力的常用动作，它能让我变得专注起来。你要找到一个能让你瞬间恢复专注力的方法，无论是扭动脚趾、摸鼻子还是咬手指，只要能让你重新找回专注力就可以。

**甩掉消极情绪**。在进入房地产行业的第四年，我被人们称为"卖房机器"。在如此年轻时就赚到了100万美元，证明我是一个有能力、有上进心的人。但问题在于，这样的成就并没有让我快乐起来，因为我的朋友们没有因此而为我高兴。相反，他们很想与我分享他们的消极情绪，这种状况在某天晚上达到了高潮。他们告诉我，我不需要获得更多的成功了，而是需要更多的消遣。但他们没有意识到，这样就相当于说："和我们一起原地踏步吧。"幸运的是，我奶奶在第二天打电话给我时，用瑞典语对我说："如果你想像鸟儿一样飞翔，就要先摆脱粪便的拖累。"如果你的朋友阻止了你继续前进，前任对你纠缠不休，继母一直贬低你，童年的伤害一直萦绕心头，你要勇敢去面对。你要像玛丽·布莱姬（Mary J Blige）在歌曲《不再伪装》（No More Drama）中唱的那样："不要再胡思乱想。"

背负着这种心理负担会束缚你的手脚。如果有人对你唠叨，那就找一个解决方法，或者找个人聊聊天。如果你的朋友企图拖慢你前进的脚步，那就去结交一些新朋友。最近，我的一位朋友在社交网站上写道："让船沉没的不是整个海洋，而是进入船舱的海水。别人的消极情绪不能打垮你，但如果你让这种消极情绪进入你的身体，你就不堪一击。"

我喜欢艾克哈特·托利（Eckhart Tolle）在《当下的力量》中的善意提醒。他说："我们没有必要在脑海中一遍遍地放映过去的痛苦和悲伤。悲伤往事犹如手中的热炭，你准备何时把它扔掉？要做到这一点，你必须意识到自己不能再承受这种痛苦，学着放手。"如果你手里也拿着这块"热炭"，请赶紧扔掉它。一旦你这样去做了，就不会再被它所困扰，而你也能专注于真正重要的东西。完全接受你经历过的痛苦，顺其自然，它们就会消失。

我和曾经的创业伙伴玛丽亚因为钱的问题而变成了敌人。她的男朋友不喜欢我和玛丽亚待在一起，因为我和玛丽亚不但是生意伙伴，还共同拥有一间公寓。于是玛利亚的男友也想持有公司股份，以便整天与玛利亚腻在一起。我和玛丽亚的关系恶化逐渐，直到有一天，我觉得自己难以忍受这种局面，于是打算放弃公司和这段友情，让他们自己处理这出闹剧。我不知道这个决定是否正确，但已经下定决心，不再活在他们制造的愤怒中。如今，我再也不会因为钱的事情和别人发生争执了。

如果你的心中有些事情无法释怀，或身边的人正在触怒你或怨恨你，千万不要因此而停止脚步。继续前行，你才能甩开他们。

## "十二金刚"训练法

我喜欢在每天早晨6：00前去健身房锻炼身体，这能让我精力充沛地开始一天的工作。不过不是所有人都可以每天早晨去健身房健身，况且健身房也并非绝好的去处，因为它们通常是在地下室，没有窗户，不是太冷就是太热，空气中时常弥漫着一股臭袜子的味道。除了去健身房，我们还可以通过其他方式锻炼，例如瑜伽、游泳、徒步、跳舞等。

万事开头难，锻炼也是如此。有时候你的左脑在说："我现在要去健身了。"而右脑却说："不，我要先看会儿电视再说。"

你看过20世纪三四十年代播出的经典卡通片《唐老鸭》吗？每当唐老鸭内心纠结的时候，他的左肩上会冒出一只可爱的天使小鸭子，右肩则会出现一只邪恶的魔鬼小鸭子，头上顶着黑色的光环，屁股后面还有一根长尾巴。两只小鸭子在唐老鸭耳边提出对立的建议。

每个人的身体里都住着一对天使和魔鬼。顺便说一句,我是你的天使,而且我很可爱,所以你要听取我的建议。

大脑和身体一直都在寻找机会逃避锻炼。偷懒是很容易的事情,有时我们很容易被"魔鬼"诱惑而沉溺于眼前的安逸,但这样一来,就违背了我们对自己做出的终身承诺。不管从事哪种行业,如果你想成为顶尖人物,必须推掉所有借口,做适当的体育锻炼,拥有一副好身体。

我要与你分享一种叫做"十二金刚"(Dirty Dozen)的训练方法,你在任何地方都可以用它来锻炼身体,不需要任何健身设备,操作简单,而且能锻炼到需要锻炼的身体部位。我是从健身专家格雷格·戈麦兹那里学到的,他培训过碧昂丝等名人。下面我来详细讲解一下其中的动作。准备好了吗,高踢腿学员?我们一起来做吧。在写上面那段关于唐老鸭的文字时,我也在做伸展运动,所以我会等你几分钟,让你先拉伸一下手臂和大腿肌肉(我会利用这段时间回个电子邮件),然后我们就开始。

**12个深蹲跳。**双脚分开站立,与肩同宽,双臂自然放于身体两侧。屈膝,同时双臂上举,向上跳跃。落地后放下双臂,双腿并拢。做好准备后再次跳跃,第二次落地时双臂及双腿保持原位。这样就完成了一次深蹲跳,连续做12次。

**12个蹲举。**双脚分开站立,略宽于肩。向前伸出双臂,手掌朝下。慢慢弯曲双腿,尽量保持背部挺直,向前看。下蹲至大腿与地面平行,然后恢复站姿。这个动作同样要做12次。

**12个俯卧撑**。双手撑地,略宽于肩膀。把身体拉成一条直线,收紧臀部和腹部。眼睛稍稍正视前方,不要看地面。双臂慢慢弯曲至与肘部呈90度角。保持这个姿势数秒钟,然后撑起身体,直至回到初始位置。身体撑到最高点时,手臂保持挺直,支撑住身体的重量。

**12个跨步下蹲**。双脚并立,向前迈出左腿,臀部压向地面。双膝弯约90度。右膝接近地面,但不要触碰地面。左膝不要超过脚。右脚用力将自己撑起来,恢复到起始姿势。这是第一遍,第二遍从右腿开始,重复刚才的动作。两次动作为一组。

**12个仰卧起坐**。平躺地面,双膝弯曲。脚掌贴地,距离尾椎骨30~60厘米。双臂交叉平放胸前,收紧肩胛骨。呼气,腹部用力,身体朝弯曲的膝盖卷起。起身时下巴稍微前倾。在整个过程中,双脚不能离开地面,腰部和尾椎骨要平贴地面。起身到最高点,暂停一下。然后平躺回地面,直至背部完全接触地面。再做11个,腹部一定要用力。

**12个椅子撑体**。坐在一张坚固的椅子上,手掌根部放在椅子边缘,臀部慢慢离开座椅,用双手支撑身体。双腿保持在身体前方,与上身成90度。腹部用力,肘部弯曲,然后缓缓坐回椅子上。身体完全离开椅子时要保持肘部弯曲,然后身体向上发力,直至双臂挺直。

现在,把这一系列动作重做一遍,你可以从任何一个动作做起,但要重复3~5组。别问我为什么!这套常规练习可以让你更加强壮。如果你不做其他练习,就把这套练习作为每天的锻炼内容。开始锻炼之前，先给自己拍一张"锻炼前"的照片，一个月后再拍一张"锻炼后"的照片，把照片放到网上并圈出我，我要看到你的成果。

我在参加一些无聊会议、坐飞机或者开车的时候还会做其他练习：挺直身子，收紧小腹，然后深呼吸。我偶尔会花费约一个小时做这样的练习，效果非常明显，我现在已经有八块腹肌了。

## 吃什么，决定你是什么

一切有形的物体都会变成盘中餐。想吃苹果或喝牛奶，不一定非要去农场摘苹果或挤牛奶，在城市也可以吃到美味的食物，还能坚守你的减肥誓言。只要稍动脑筋，就可以知道哪些食物该吃、哪些食物不该吃。如果食物来自工厂，就不应该吃，任何用保鲜膜密封或塞在罐头中的食物都没有营养。

我常听人说："如果你真的很饿，就应该吃一个苹果。"可如果我很饿，只需一杯高蛋白奶昔。我一直尝试着摄入更多的蛋白质、更少的碳水化合物。高蛋白食物包括鱼类、牛排、鸡肉。我认为颜色鲜艳的食物富含营养，所以从来不吃意大利面、米饭或土豆等食物。我的食物必须是外表干净又漂亮，且未经任何处理的，所以我喜欢吃白鲑、蔬菜沙拉、坚果和葡萄干，有时候也吃三文鱼。蔬菜沙拉既健康又便宜，我和德雷克有时去橄榄园餐厅吃遍喜欢的沙拉，最多只花费 9.99 美元。

我常听说无糖可乐无益于健康，但一直无视这种说法。无糖可乐是我的最爱，虽然喝起来会产生些许罪恶感。尤其在夏天，用玻璃杯装满可乐，放几个冰块、一片柠檬，听着冰块相互碰撞发出哗啦啦的声响、看着杯子里冒出一连串的气泡和杯子外面凝结的水珠，还有映在充满气泡的可乐表面上的我的模样，轻呷一口……我太喜欢这种感觉了。

不过最近我戒掉了这个嗜好。尽管很难，但我还是下决心戒掉它，因为我的确不知道这种黑色液体是用什么化学物质制作的。在停止喝这种饮料的第二天我就开始头痛，第三天感觉脑袋简直要爆炸了，但这反而激励了我，我甚至开始享受头痛的感觉，因为我知道那些化学物质正在离开我的身体。到了第四天，头痛的症状消失了，我的精力也更加充沛，晚上的睡眠质量也有所提高。

我不是英雄，但还是因为能坚守对自己的承诺而感到骄傲。我们常常想要一次去做太多的事情，例如减掉18斤肉、戒烟、练出八块腹肌，或是找一份新工作，最终我们无功而返，自己还觉得奇怪。如果想同时尝试过多东西，只能以惨败收场。不要再犯类似于"新年决心"这样的错误，也不要试图一次性改变你的人生。一次改变一点点就行。目标最好一个一个地完成。

我每天早上都要喝亚麻油和鱼肝油，吃一粒复合维生素片、一粒无味大蒜片。我还时常储备一些天然维生素C泡腾冲剂，这种冲剂里含有维生素C以及有助于提神的维生素B、维生素D和维生素E。坐飞机时，我会在飞机起飞和降落时各泡一包来喝。青少年时期我体弱多病，但现在我几乎再也不生病了。

如果我认为某些食物不太好吃或者容易发胖，就不会吃它，我一向听从身体的需求。我喜欢橘子汁，但它的甜味让我上瘾，所以我不再喝它；我也不吃炸薯条、白面包和米饭，这些食物含有很高的热量。在人类所发明的食物中，比萨肯定是最糟糕的一种，它的主要成分是融化的奶酪、黄油和白面包，每一样都不利于健康。我也不会在富含营养价值的蔬菜沙拉上浇一层含有高胆固醇且易发胖的沙拉酱；

相反，我会加一些橄榄油、香脂醋，再挤一些柠檬汁。我以前常吃有利于健康的高蛋白营养棒，适当吃些高蛋白食品没有问题，但如果每次都吃含有高蛋白的巧克力蛋糕，就是一种坏习惯了。我从来不吃工厂里生产的食品。以前看电影时，我还会买裹着假奶酪的玉米脆片，但吃完后往往觉得反胃。所以我后来对玉米脆片说："拜拜了您呐！"

我还想和你分享一下在餐厅点餐的经验。早上起床后的30秒钟会决定你这一天的质量。同样，餐厅服务员的一句"您要点些什么？"不但会影响你接下来24小时的生活，也会影响你的整个人生。试试这个方法吧：当你手里拿着一份厚厚的折叠式菜单时，想着刚吃完正餐后你会吃什么，然后就点你刚刚想到的食物。因为一般正餐后都会吃些低脂肪、有益身体的健康的食物。

我们都问过自己一个问题："我为什么要吃那种东西？"你的血糖值正常吗？有胃灼热的症状吗？是否感觉身体绵软无力？看着镜子里的自己，是否已经大腹便便？

你可能会问："那么弗雷德里克，你是否暴饮暴食？是否也有饮食不规律的时候？"的确。几天前的一个晚上，我坐在床上边看电影《哥斯拉》边吃薯片，但我只是偶尔这样做了一次。我身高1.9米，体重91公斤，但我的身体脂肪含量很低。我不想活到83岁时，头戴草帽，一手端着意大利面，一手拿着白葡萄酒，坐在威尼斯郊外别墅的橄榄树下看夕阳。我要过一种积极甚至是疯狂的生活，我的食量很大，卡路里摄入量很高。每次到餐厅的时候，我会先和餐桌旁的朋友说声抱歉，然后点两道开胃菜和一道主菜。我通常会选择一道蛋白含量超高的开胃菜，比如鞑鞑金枪鱼或意式生牛肉片，然后再来一份蔬菜沙拉。主菜通常是鱼类，我一般会选择餐厅最大、最白的那条鱼，而且最好要做成烤鱼。如果主菜分量不大，有时我会再点一份鸡肉或一条鱼。

餐后甜点完全是一种灾难性食物。挑食并不是个好习惯，但我们大多数人都爱吃甜食。我的生意伙伴约翰对两样东西非常着迷：甜食和金钱。他每天晚上都会从公寓坐出租车经过 40 个街区去买最喜欢的巧克力蛋糕，然后在自家厨房里大快朵颐。他完全无法控制自己，直到后来意识到这个习惯已经发展成一种病症。

我并不是让你放弃人生的乐趣，从此再也不吃甜食，只是想让你知道过度喜爱甜食的后果。吃第一口甜食时，味道总是妙不可言，但继续吃下去，味道似乎就要差一点。我从来不点餐后甜品，而是让其他人点，等他们点的甜品端上来后，我会吃一小口，这样既尝到了美味的甜食，也不用担心发胖。

吃什么样的食物，就变成什么样的人。美国劳工统计局的一项研究数据指出：在同一个行业中，肥胖劳动者比非肥胖劳动者的薪水要少约 2.5%。所以，吃东西时你要想着自己的人生（还有收入）取决于你的食物。低头看看盘子里的食物，告诉自己："我就躺在那里。我是想成为一条能灵活游动的鱼，还是一块已经融化的奶酪？"

## 睡眠充足，人才性感

在美国有大约 75% 的成年人都经历过某种睡眠紊乱症。我所认识的大多数纽约人都会抱怨，一周中至少有两天失眠。研究人员发现，睡眠时间太少（每晚少于 6 小时）是产生职业倦怠感的最主要原因之一。哈佛大学的一项研究表明，由于员工睡眠不足，美国企业每年在产能方面损失至少 630 亿美元。美国国家睡眠基金会的一项民意调查显示，1/3 以上的美国人认为被困倦所打扰。我觉得另外 2/3 的被调查者肯定在撒谎，或者在填调查表的时候由于过于疲惫而睡着了。

我一直很严肃地对待睡眠问题。成功人士不能总是一副睡眼惺忪的样子，这样会让我们效率低下，一点都不性感，也显得没有激情。如果我知道晚上不能睡够 6 个小时，就会很紧张，因为我知道这会损害我的健康。

有些人很自豪地宣称他们不需要太多睡眠，他们吹嘘自己每天只需要睡 3 个小时。我把他们看作疯子，因为正常的人是不会让自己不眠不休的。

我喜欢清晨起床，但我也知道自己需要 8 小时高质量的睡眠。如果我在早上 5：30 起床，就要在前一天晚上 9：30 上床睡觉。我必须遵循这样的作息时间表，你可以说我古板，但别忘了我是一名千万富翁。我不喜欢沉迷于电视节目而彻夜不眠。如果有一档节目真的很有趣，我就用录像机录下来，等有时间再看。

你还要知道，什么样的睡姿和睡眠环境才最舒服是因人而异的。我喜欢裸睡，右侧卧的睡姿，头放在一个中等软度的枕头上，卧室的温度要非常低，身上要盖一张柔软的被单或鸭绒被。很多年前我还买不起一张像样的床垫，但当我赚到钱之后，第一时间买了一张记忆海绵床垫。一周后，"小老鼠"长了皮疹，我发现它是对床垫上的化学物质过敏，我感到很愤怒。经销商说只要把床垫放置几个星期，化学物质就会消失。我心想：没错，化学物质是消失了，可都跑到我肺里去了。于是我把那张床垫扔到外面，然后让"小老鼠"在上面撒尿。

后来我又买了一张纯天然的、瑞典生产的海斯腾品牌马尾毛床垫。我对它很满意，"小老鼠"也很满意。这张床垫能吸收人体湿气，让你不会太热，也不会太冷，而且它不会伤害到任何小动物。买张适合你的床垫吧，因为你人生 1/3 的时间都要在上面度过，而且另外 2/3 的时间也全靠它了。

我用了 36 年的时间才认识到耳塞的神奇之处，我的生活也因此而改变。现在，我知道它们可以用来消除噪音，而且学会了耳塞的正确佩戴方法：把耳塞捏成更小更细的形状，然后塞进耳孔。如果别人能看到耳塞露在外面，就说明没有塞紧。就算一个人时我也要戴着耳塞睡觉。无论是狗狗的喘气声，还是街上汽车的警报声都打扰不到我的睡眠。

有一次乘坐飞机时，我因为忘记带耳塞，临时用餐巾纸做了一副。空姐们看到这位身高 1.9 米的电视明星耳朵里塞着纸巾，像花骨朵一样，在一旁笑得花枝乱颤。但我还是能清晰地听到她们的笑声。

你要找到一些帮助自己入睡的方法，比如喝一杯热牛奶、散步、洗个热水澡、读尼采的著作等。如果我睡不着，就会平躺着，一点点去感受床垫和身体之间的空隙。我想象着身体下面有一层薄薄的空气，它让我飘浮在床垫上方。我吸入清新的空气，呼出炽热的气体，然后再吸入清新的空气，呼出炽热的气体，吸入，呼出……慢慢进入睡眠状态。

我们赶紧进入下一章吧，说得我快要睡着了。

# 第 6 章

## 让顾客微笑
培养你的魅力和幽默感

我第二次与贾斯汀·汀布莱克见面的时候,他未来的妻子杰西卡·贝尔也在场。当时,我们三个人挤在19街一幢大楼的狭小电梯里。刚进入电梯,我就看到了杰西卡的鞋子,然后指着它说:"你这双鞋子太美了!我真的很喜欢!"在接下来的5秒里,这句话将发挥神奇的作用,它相当于对杰西卡说:"你很有品位。"又相当于对贾斯汀说:"别担心,我不是你的情敌。"也相当于对他们俩说:"弗雷德里克是个很有趣的人。"

我瞬间拉近了与他们之间的距离,他们心里会想:弗雷德里克这家伙确实挺有趣的,那就跟他去看看那座百万豪宅吧。顺便说一句,我几年前就认识贾斯汀了,当时他还在和卡梅隆·迪亚茨谈恋爱。有一天,夕阳西下的时候,我站在屋顶阳台上向卡梅隆表演高踢腿,并提醒她注意看着我的侧影。高踢腿的侧影是最好看的。

我一直认为,与陌生人见面的前30秒里决定了你们今后是否能够和谐相处。无论接下来你要和他相处5分钟还是50年,这30秒钟所留下的第一印象都至关重要。想抓住别人的注意力,你只有30秒钟。

这也意味着你要表现得很有个性。成功人士总是要特立独行，或至少要表现得与众不同。

与德雷克相遇是我这辈子最大的幸运，这次邂逅也符合我的"30秒定律"。

> 在遇到德雷克之前，我基本上对爱情不抱任何希望。在纽约工作的这些年里，我一直十分担忧，害怕自己就这样永远单身下去。于是我独自去了希腊旅行。假期的最后几天我去了米克诺斯岛上度过的，我一直觉得这个岛是我注定要去的地方。有一天游玩时，我注意到前面有一个约2.1米高的家伙，他是人群当中唯一一个比我高的人，但由于站在他身后，我看不到他的样子。于是我走上前去，拍了拍他的肩膀。他转过身时，我说："我不明白你怎么这么高。"他带着困惑的表情笑了一下。然后我继续说道："我是吃瑞典肉丸长大的，已经算是很高了。你究竟吃什么长大的？"在我们首次见面的30秒内，我给他留下了深刻的印象，后来我们的关系发展得很快。

你要善于利用时间。很多人不知道如何在会议开始的30秒内打破沉默并掌控全局。谁能做到这一点，他就拥有了控制权，不但为眼前的局面定下了基调，也为未来的人际关系打下了良好的基础。

## 初见30秒，决定未来的相处状况

无论在任何场合，每个人都希望遇到开心的事情，就连最沉闷的人也不例外。没有人规定快乐和敬业不能并存。很多年前我就对约翰说,我们工作的终极目标就是快乐,所以我们每天要自我夸奖至少一次。昨天,在41楼可以看到整个城市风景的那间会议室里,我们召开一次非常严肃的会议。不知为何,我和约翰莫名地笑了起来,最后笑到眼泪都流出来了,停都停不了。我甚至都不记得我们为什么笑,但这正是欢笑的魅力所在。

人生只有一次,欢笑不但能让你长命百岁,还能像磁铁一样吸引财富。

美国马里兰大学医学中心的一项研究发现,同龄人中,心脏病患者比非心脏病患者爱笑的概率低40%。欢笑能增强人的免疫力,激发身体释放安多芬,从而缓解身心压力。人们对欢笑的需求胜过一切。笑容是非常性感的,每个人都希望身边有更多带给他们欢乐的人。寻找伴侣时大多数人也都想找一个让自己开心的人。

笑声是有感染力的,它能帮助你与别人更好地沟通,把人们吸引到你身边。无论生意场上还是生活中,关系和睦最重要。在职场上,如果能用幽默感和个人魅力让别人感到愉悦,那你就有机会赚到更多的钱。风趣幽默是我取得成功的一项重要因素。

每次开会之前,我都在会议室门外稍作停留,手握着门把手,闭起双眼,想象着自己开怀大笑的情景,希望把自己逗乐。然后,我带着笑脸推开门,像一个快乐的孩子一样突然出现在大家面前,大声叫道:"嗨,大家好。"这时所有人都转过头,我张开双臂说:"我来了,很高兴见到你们。"

高踢腿学员,你要带给人们愉悦,让他们记住你。真正的成功人士都是快乐的人(我并没有说钱不能带来快乐)。在生意场上,幽默感是一件利器。每个人都想与幽默的人共事,每个人都会买幽默的销售员的产品。幽默感和快乐能让你受到崇拜。也许与你共事的人比你有更丰富的经验、更成功的事业，但他们还是会欣赏你的快乐和幽默，这是引人注目的两大特质。

## 弗雷德里克魅力学校

每个人的魅力指数天生不同，但是可以后天培养。很多人问我如何吸引别人的注意力，现在我邀请你跟我一起走进"弗雷德里克魅力学校"。

魅力，是一门关于如何培养充满吸引力的个性的艺术。有些人虽然事业很成功，但为人却非常粗鲁，不被人喜欢，因此他们也难以快乐起来。我们更喜欢与那些风趣、友善、快乐的人建立关系，我们知道有魅力的人会得到更多的机会，那为什么还有这么多没有魅力的人呢？我们总是被告诫要低调地做人，可是我要告诉你："做人一定要高调。"

当我给美国联合航空公司、丽思卡尔顿酒店或有线网络服务商打电话的时候，我会对客服人员（这个人可能在距离我很远的一个呼叫中心工作，他的办公室没有窗户，而他整天都要坐在桌子后面打电话）说："嗨，你在哪里？"对方可能会说："西雅图。"我接着问他："哦，你在呼叫中心还是家里工作？"对方回答："呼叫中心。"

如果我准备出行或者要预订酒店，我会问客服人员："你想和我一起去旅行吗？我的旅行袋刚好装得下你。"对方会笑着说："我也想。"顾客一般都对客服人员非常粗鲁，如果你对他们和善一点，就会得到意外的好处。除此之外还能让你自我感觉良好，既然能制造一次愉快的邂逅，又何必把它搞砸呢？

我对星巴克的服务员也一直很友善。我去星巴克时，不会对他们大吼大叫，而是会问："你叫什么名字？今天过得怎么样？"其他人一般不会问这些问题。可是我认为人与人之间犹如手足，应该彼此关心。关心别人只需片刻时间，但被关心的人将给予我们更多的回报。如果我对星巴克的服务员好一些，他们会更用心地为我制作咖啡，或对我报以微笑，这种美好的感觉会持续一整天，让彼此在嘈杂中找到宁静。我希望在繁忙中被别人铭记，而你也要让别人记住你的善良。你永远都不知道谁会成为你的贵人，如果你对别人粗鲁，迟早会遭到报应。也许你早已忘记自己的不友善，但他们不会忘记。

　　我学习房地产培训课程的时候，上课地点在布赖恩特公园附近。每到午休时间，我都会在附近的一家熟食店买一份沙拉，然后坐在公园的长凳上看着过往人群，我觉得很有趣。我朝他们点头微笑，偶尔还会说"我很喜欢你那双鞋"或者"你的包包很好看"。人们喜欢听这些话。噢，对了，赞美他人时要记得面带微笑。

　　真诚待人这本身就是一种魅力。有魅力的人会看着你的眼睛微笑、点头。我们不一定赞成别人的观点，但要表现出尊重。有魅力的人总是会主动为别人开门，他们和别人打招呼时会叫出对方的名字，他们还会专心倾听别人的故事和建议。

　　有魅力的人会展现自己脆弱的一面，愿意和别人谈论自己的错误和失败，他们人不介意别人取笑自己。因为当你放下戒备时，别人会更愿意了解你。

　　回想你做过的一件蠢事，它或许能让你捧腹大笑（如果你把你的蠢事告诉我，我也把我的蠢事告诉你，然后我们一起把它们告诉全世界，这说明你不是一个自以为是的人）。有一次，我在上城区参加一场非常重要的会议，与会者约有 20 人，大家围绕一张巨大的会议桌而坐。开会过程中,我突然很想去洗手间。而我在前文中提到过,我会在洗手间收发邮件,处理一些紧急事务。刚走进洗手间,我发现隔间里有人,但我实在是太着急了,于是走到小便池,先掏出手机,边看手机边小便。然而在小便时回邮件并不是明智的做法,因为在我发邮件时,裤子不小心被尿液浸湿了。我开始惊慌起来。

我不敢走出洗手间,不断地说:"噢,天啊!"这场会议对我很重要,我不能带着一身尿骚味儿回到会议室,他们一定会把我赶出去。我还担心其他人在这时走进洗手间,或隔间里的那家伙走出来。我就这样一动不动地站着,有那么一瞬间,我想脱掉裤子,半裸着走出去。但最后我还是决定脱下外套,把它缠在腰间,飞快地跑向电梯。我假装正在看手机,不敢抬头看任何人。司机来接我的时候,我把刚才的事情告诉了他,他嘲笑了我一番。我给同事发了条短信,告诉他要处理一件紧急的事情,所以就不再回去开会了,但现在他们已经知道了真实的原因。

如果你想在小便时回复邮件,最好坐在马桶上。每当回想起这桩丑事,我就会大笑起来。这样的故事不止一个,它们是我人生的组成部分,而我之所以如此成功,是因为我敢于嘲笑自己的弱点,而不是被其打败。

告诉你一个秘密:英国女皇也曾尿过裤子。看到这句话,你会不会开怀大笑?我怀疑罗马教皇也拉过肚子,这种事情肯定避免不了。我不是一个喜剧演员,但生活充满荒唐可笑的事,我们能做的只有拥抱并理解生活,在荒唐中寻找乐趣。

欢笑和寻找欢笑是我人生的全部意义,因为我的工作需要欢笑。埋头苦干的工作方式已经过时了,当今职场需要人们带着笑容工作。你要尽力寻找乐趣,并在脑海中重复这种乐趣。如果客户愁眉不展,你就要对他微笑。其实我也有愁眉苦脸的时候，每当我发现自己不开心，就立刻微笑，并想象那些曾让我开怀大笑的事。最重要的一点是，我知道不能太把自己当回事，你也一样。

现在言归正传，让我向你提供一些与"笑"有关的可靠数据。

◆ 大量研究表明：笑可以降血压、提高血氧浓度、减轻压力、降低患感冒的几率、增强细胞抗病能力、预防心脏病，还可以提高创造力和记忆力。经常笑的人赚到的钱也更多——这一点倒挺好笑的。

◆ 美国约翰-霍普金斯大学医学院的一项研究发现，幽默感有助于学生取得更好的考试成绩，也就是说，幽默感帮你表现得更好。

◆ 斯坦福大学的威廉·弗莱博士发现，在接触到某件有趣的事物之后半秒钟内，整个大脑会立刻投入其中；

◆ 英国华威大学的经济学家发现，快乐能让生产效率提高大约12%。我觉得他们的数据是错的，我认为快乐能让生产效率提高112%。

◆ 《美国国家科学院院刊》刊登的一项研究结果指出，脸上整天洋溢着幸福笑容的人会赚到更多的钱；

◆ 杜克大学的研究发现，只要一个微笑，你就更容易被决策者和有影响力的人记住，因为微笑相当于传递给他们一条信息：你是一个可以合作并值得信任的人。

◆ 剑桥大学的一项研究指出，谈判时面带笑容，能够让对方对你的信任度增加10%。

◆ 沃顿商学院、麻省理工学院和伦敦商学院的研究发现，笑声能带来商业效益。笑容能降压、提升幸福感，激发创造力、提高协作精神和生产效率。

婴儿每天平均笑 400 次，而 35 岁以上的成年人每天笑的次数不足 15 次。为什么会产生这么大的差别？最近，有人用盖洛普数据做了一项研究，发现人们在工作日笑的频率明显要低于周末。也许是因为工作需要保持清醒。而辛辛那提大学工商管理学院的凯伦·马赫莱特教授已经证实幽默感能促进产品的销售。她发现，广告中的幽默感能提升企业的信誉度，让消费者更容易接受广告诉求。我认为，快乐可以带来财富，如果你给别人带来欢笑，别人就会给你更多赚钱的机会。

商业世界的压力非常大，所以你要找到逗自己笑的方法。在房地产行业，我们常常会遇到很多突发状况，例如公寓不能及时交付、客户律师威胁要起诉我们等。这时如果你能微笑一下，那你就是英雄，因为你缓解了剑拔弩张的局面。只需适度的幽默感，就能化解紧张的气氛，这种方法屡试不爽。社交聚会上，无论男生女生，只要能给大家带来欢乐，那他（她）一定是所有人都想接近的人。

我那些故步自封的竞争对手根本不理解我的想法。他们希望世界还像 20 年前一样，那时候，如果你循规蹈矩、低调做事，就有机会成为成功人士。但是现在的世界发生了翻天覆地的变化，很多旧的规则已经被淘汰，他们的想法已经落后于时代了。

## 展颜销售术

你要学会在生活和工作中加入幽默感和个人魅力。每次去星巴克我都会大叫一声："我来啦。"脸上带着微笑。尽管所有人都在想："这人谁啊？"但他们还是会和我一起微笑。每当遇到紧张的局面，我就用做鬼脸来缓和气氛，让在场的人大笑不止。我既不是艾迪·墨菲，也不是凯西·格里芬或克里斯·洛克（三人皆为美国喜剧演员或真人秀演员），但在销售中，我确实有一些有效的搞笑方法。

**机智/聪明型**：这种幽默方式是通过一些机智的措辞产生出人意料的效果，从而使他人放下戒备，放声大笑。这种方法必须要在短时间内产生喜剧性效果。不是每个人都能明白你话语的含义，但那些明白的人会很喜欢它并因此喜欢上你。在谈判中，如果我要告诉对方一条坏消息，就会用到它，以此缓解气氛，让对方保持微笑。

例如，当我要打电话告诉客户他的报价被拒绝了时，可能会这样问他："你坐好了吗？有没有握紧什么东西？我要告诉你一个'好消息'，你的报价被拒绝了，（停顿一下）但我觉得有一个办法……"假如你要告诉别人一个坏消息，又何必用严肃或忧郁的口吻去增加对方的心理压力呢？你可以用一种出人意料的方式，让坏消息变得更容易接受。

**粗俗/做作型**：粗俗/做作型是机智/聪明型的低端版。这些行为通常傻里傻气、有趣但全是陈词滥调。矫情的人通常会使用一些双关语、巧妙的文字游戏以及搭讪常用语。在生意场上，我经常用一种委婉的方法化解某种局面。例如，有个人要我接受他的低报价，我可能会说："唔……让我想想。"接着，我装作认真思考的样子，然后做个可笑的鬼脸，给他以沉重的打击："不行。"

**下流/猥琐型**：你不会对自己的母亲或6岁的女儿用这种风格的措辞。通常，这种笑话对于很多人来说极其无礼。如果你没有对合适的人讲，结果会非常糟糕；但如果讲给对的人听，那将是你人生中最有趣的时刻。有时候我加班到很晚,不能和德雷克一起共进晚餐,他会非常生气。这时我会发条短消息给他说:"今晚瑞典小鲜肉伺候你哦!"

**讽刺/挖苦型**:通过审时度势,用幽默的方式说一些众所周知的事情,或说出某种事物的本质。你可以用一句话表面赞扬某人或某事,但实际上却在嘲笑或讽刺。熟练运用这种方法,你往往能赢得满堂彩。有时在谈判过程中,我会笑着说:"你居然知道我的想法,简直难以置信。你怎么知道我要多加10万美元?"

**嘲讽/令人作呕型**:这是讽刺/挖苦型的加强版,它咄咄逼人,带有明显的侮辱性。"侮辱性喜剧"是一门艺术,而在销售行业中,它可能会达到一锤定音的效果。这种方法要慎用,而且只能用在特定的人身上。有一次在和路易斯谈话时,我弯下腰,拨开他的头发,说要看看里面有没有鸟巢,然后我们又继续交谈。还有一次在晚上,家里洗碗的钢丝球用完了,于是我打电话给赖恩让他借点头发给我洗碗。在这里,我想对路易斯和赖恩说一句:"我盼望着你们赶紧出版自己的书籍,尽情地取笑我吧。"

**自嘲**。我很喜欢这种自我调侃的方式。如果运用得当,自嘲是拉拢别人最快的方式之一。因为它巧妙地让别人感到他比你高出一筹。坐飞机时,如果飞机满座了,而我又需要一个能伸展双腿的座位,我会凝视着空姐的眼睛,对她说:"我身高1.9米,这双大长腿就有1.4米。"或者如果我约会迟到了,我会说:"不好意思,'小弗里茨'和'小老鼠'的腿太短了,雪橇拉得好慢。"

**装疯卖傻**。这种方式包括制造一些恶作剧、冲突,表现得笨手笨脚,或采取一些危险而愚蠢的行为,通常伴随一些荒唐且大幅度的身体动作。我穿着合体的西装在一位刚成为富人的客户面前做了一个高踢腿动作，顿时让他目瞪口呆。这就属于装疯卖傻的行为。

既然我们在谈论幽默感和个人魅力，你就一定要明白高踢腿这门艺术。踢腿本身并不是重点，但它反映出本书倡导的一些精神：做你自己、与众不同、给别人留下深刻的印象、做本行业的顶尖人物，并且要运用你独特的方式完成这一动作。

告诉你如何练习高踢腿：

1. 双脚站立，手臂放松。高踢腿需要爆发力，它和你身边一切有计划性、有压迫性、静止性的事物不同，因此你要以一种放松的姿态开始。

2. 抬腿，屈膝至45度。

3. 腿再抬高一些，然后伸直，因为这样才能踢得更高。

4. 伸直脚趾，保持数秒钟，这点很重要。你要学会如何在绷直大腿和脚趾的情况下保持平衡。控制好身体，如果失去平衡，千万别大笑，更不要摔倒。

5. 现在，如果你控制好了自己的身体，就可以笑了，这才是重点。观看你做高踢腿动作的人也会大笑。如果你像我一样高大威猛，而且还穿着三件套的西装，那做起来是更加出乎意料地搞笑。

抬起一条腿并很好地控制住身体时，就可以加上手部动作了。想象自己是一条霸王龙，五指并拢，掌心朝下，然后边踢腿边制造出某种声音。我喜欢发出像迈克尔·杰克逊那样"呜——"的声音，同时挤出一副惊悚的表情：露出牙齿，准备发动攻击。

一次颁奖典礼上，当主持人宣布我们成为全美冠军销售团队时，我把手中的麦克风递给旁边的人，站在舞台的正中央，在聚光灯下做了一个高踢腿，我的"粉丝"团瞬间就炸锅了，他们为我鼓掌尖叫，而我的竞争对手们则为之震撼不已。

我的目标是让每一个人（包括超级英雄）都知道如何做出漂亮的高踢腿。

每当人们想起我，就会想到我的高踢腿。你读过马尔科姆·格拉德威尔的《引爆点》（*The Tipping Point*）吗？"引爆点"是指某个想法、趋势或社会行为跨越了某种界限，野火般迅速蔓延的神奇时刻。每天都有人跑来找我，要我摆出高踢腿的姿势与他们合影。出租车乘客在车里做高踢腿，把腿都伸出了窗外；建筑工人站在脚手架上大叫一声"弗雷德里克"，然后做了一个高踢腿；上周在纽瓦克机场安检时，工作人员看着我的护照，从他的凳子上站起来，也做了一个高踢腿。

## 发明你的招牌动作

想象一下，你的招牌动作在不断复制，由他人不断地传播，这必将提高你的知名度。你听说过"牛顿摆"吗？这件桌面演示装置是以

"万有引力"的提出者艾萨克·牛顿爵士的名字命名的，也被称为"高管永动球"（Executive Ball Clicker）。因为在 20 世纪 70 年代，很多高管都喜欢在办公桌上摆放这种装置。当装置上其中一端的钢球被提起来又放开时，它会撞击其他几颗处于静止状态的球体，撞击力通过球体一个接一个传递过去，将另一侧的球体向外推动。幽默感就有这种四两拨千斤的效果。当人们在表演高踢腿取悦他人的时候，也大大提高了我的影响力。

我当然不介意你使用我的高踢腿动作，但我还要给你一些建议，你要找到属于自己的招牌动作。你可以模仿地产大亨唐纳德·特朗普的用手指着别人说："你被炒了。"或者模仿橄榄球明星蒂姆·蒂博单膝跪地祈祷的动作，又或者模仿迈克尔·杰克逊的"月球漫步"，你甚至可以学我的生意伙伴约翰的标志性动作——撅起屁股，打个响指，然后对你说："我是个成熟的女人。"

在录制《百万金豪宅》第三季时，我对与我合作的路易斯说，他在达成交易的时候应该向后滑两步。但他并没有采纳我的建议，而是对我说："做梦！"所以，脚向后滑这个动作还没有人做过，你可以最先使用它。你也许会问："我可以做一个技惊四座的侧手翻吗？或者我可以露出肱二头肌，露出硬汉的表情吗？又或者我可以装扮成会跳霹雳舞的乌龟吗？"假如你在开会时做这些动作，不但会成为人们关注的焦点，相信你还能赚到更多的钱。

重要的是你一定要做一些动作。你可以借鉴人们已经见过或知道的动作，但一定让它符合你的个性，把它变成自己的招牌动作。刚开始做你的招牌动作时，可能会招致别人的厌烦，但当你掌握了要领并乐在其中时，它就会成为你身体的一部分。人们会因此和你一起欢笑，也会因此而爱上你。

## 第 6 章 让顾客微笑
### 培养你的魅力和幽默感

在过去几年中,这个世界发生了巨大变化,商业世界也是如此。粗鲁无礼、卑鄙龌龊的人大受欢迎,在纽约尤其如此。他们变得颇具影响力,其行为方式也受到追捧,但现在想要成功则主要依靠个人魅力,你要像强大的磁场那样吸引别人的注意力。

富有魅力的人就像是王子和公主,而这样的人才是世界的未来,你就是世界的未来。

无论是要售出价值百万美元的房产,还是说服爱人和你去度假,你都要先从说服中找到快乐。幽默的力量是神奇的,你甚至可以逗笑最无聊、最没有耐心的人。我就会时常调侃自己,还不时地搞些恶作剧,但我不会伤害到别人,而是用一种无伤大雅的方式让自己变得很搞笑,同时也不会让别人感觉不自在。如果你不习惯使用这种方法,也可以用一些其他的方式来展现魅力,只要表现出积极向上的状态就可以。

我经常看到脾气暴躁或出言不逊的客户突然对我报以微笑。略带疯狂的状态可以融化人与人之间寒冰般的冷漠,甚至能够让脾气古怪的守财奴突然对你嘘寒问暖。因为他们知道你对他们构不成威胁。幽默是一种人人都能理解的语言。当你让人们露出笑容时,他们就会把怒气抛到脑后。你让他们感觉到自己年轻了许多,好像他们脸上的皱纹突然被抹平了。是你为他们带来了光明和活力。你用幽默给他们的人生带来活力和光明。让别人露出笑容是一种才能,它能让你不断地付出。

给别人留下一个微笑,生意就这样做成了。

# 发现需求，创造需求

## 第二部分

*THE* SECRETS
OF SELLING
ANYTHING
*TO* ANYONE

8岁那年,我想到了通过向身边的人提供帮助来赚钱。我帮妈妈叠床单和浴巾,帮爷爷清洁游泳池,帮奶奶修剪草坪,帮邻居遛狗、扔垃圾、喂金鱼。而且我会单独和他们谈费用问题,因为我知道谈判是整个销售过程中最关键的一部分。

现在我成为了一名房产销售员,我的工作就是寻找客户,发现他们的需求,寻找与之匹配的客户,然后促成他们的合作。在这些客户面前,我的角色通常是好友、伙伴或销售大师。

无论是在童年时期帮助家人和邻居做家务,还是如今帮助人们做成人生中最重要的一笔交易,我需要的都是胆量、技巧和勤奋。在第7章至第10章当中,我要告诉你:

- ◆ 找到需要你服务的人;
- ◆ 准备一套最能打动人的推销话术;
- ◆ 商讨交易的具体细节;
- ◆ 完成交易,获得报酬。

现在,是时候去争取你想要的东西了。

# 第 7 章

## 拓宽交际圈
用智慧、策略和低成本寻找客户

那个主意简直糟糕透顶。在 2006 年，我效力的那家房地产公司制订了一项与 Facebook 相关的政策。从颁布政策这天起，公司所有经纪人都要创建两个 Facebook 账号：一个私人账号，一个业务账号。"这两者有什么区别？"我心想："我之所以专业，不仅因为我是一个独一无二的人，更因为我热爱我的工作。"他们解释说，公司不希望客户因为我们经纪人在酒吧喝酒或在沙滩半裸着身体而影响公司形象。这项新政策还说，客户也不想和我们的这种形象扯上关系。

我马上对他们说："不！"所有人都转过头来。"我可不想变成两个人。我不可能取悦所有人，我就是我，一个完整的人。我是一道彩虹，而且想让顾客看到我所有的颜色。我们要让客户关注我们，而不是逃避这种关注。"

我成功说服公司放弃了这项新政策，而且我的决定也收到了成效。在成为顶尖销售人员的过程中，我在 Facebook 网站上的 50 多万名关注者发挥了关键作用。

无论你是妇产科医生还是殡仪服务员，都要找到愿意为你的服务支付薪水的人。你需要观众，而每一天都是一场试演！但怎样才能找到观众呢？我要悄悄告诉你一件重要的事：**不要浪费时间挨家挨户寻找客户，那个时代已经一去不复返了。**在今天，你可以另辟蹊径，利用社交媒体同时打开很多扇"门"，寻找新的生意机会，并获得更多客户的关注。

## 社交媒体，直通客户

无论从事哪种职业，你都要创建一个人际关系网络，这一点非常重要。尽管用名片开拓客户这种传统方式仍然存在，但社交媒体是最容易也最有效的客户开拓方式，它能够让你准确地找到目标客户。比如说，你是一名正在构思下一本新书的作家，通过社交媒体，你可以找到许多读者、出版商和新闻工作者，并且和他们交朋友；如果你是一名牙医，你可以通过社交媒体吸引转诊病人；而如果你是像我这样的销售人员，则可以通过社交媒体吸引买家，让人们注意到你正在销售的产品。

尽管社交媒体的过滤功能和担保信息有泛滥之势，但它们的即时性特点确实令人耳目一新。将当下发生的趣事用手机拍下来，配上一个鼓舞人心的标题，再和你的朋友分享，说不定就会引起轰动。你在社交媒体上发布的东西就像是一个巨大的公告牌、一种完美的推销手段，很多时候能够直接触动人心。

社交媒体方兴未艾，这个平台会不断改变、进化和发展，而你（和你未来的事业王国）也会与它一起变化和发展。从现在开始，如果你能正确利用社交媒体，那么你在互联网世界的影响力会越来越大，你的产品在线销售比例也会猛增。你的社交媒体上有众多关注者、买家、

"粉丝"、高踢腿学员、朋友——无论你想怎么称呼他们，都要和他们保持良好关系，因为他们将是你在网络世界的最大资产和取之不尽、用之不竭的"金库"。

所以，让我们一起在社交媒体上花点时间和精力，探讨一下如何利用这个平台实现销售的目的。你首先要记住，**社交媒体的三个重要特点是即时性、全球性和免费**。

但如果你说自己擅长利用社交媒体，这会招致某些人的不满。在这些人看来，这就等于说"我喜欢博人眼球"或者"我很虚荣、自负，我很喜欢推销自己"。对当代卢德主义者①来说，社交媒体就像是个人公告牌，它在向世人宣告："我要成为受欢迎的人。"但我想说，要想取得成功，你就得傲慢一点。我们在社交媒体上发布的内容以及人们对那些内容的反应确实是我们人生的写照。问题只在于，你是否擅长使用社交媒体？

也许形式繁多的社交APP让你感到不知所措，你是否担心自己已经落伍了？是否感觉这是一场让人生厌的竞争？你是否觉得每一个上网的人都在假装过着精彩的生活，因为他们总是在度假，或是总有帅哥、美女相伴？你是否担心白天没有太多时间更新社交媒体，到头来只能把它关掉？是否每当看到话题标签你就会尖叫？你是否觉得，如果每到一个地方都需要"签到"②，还不如从此退出社交网络？

你真的这样想吗？很好！有时候我们都有这样的想法。这正是本章内容如此重要的原因，也是我们要探讨和分析这个问题的原因。

如果你和电视台签约拍摄真人秀，尤其是拍摄完第一季之后，当

---

① 卢德是英国工业革命时期的一名工人，为了反抗机器驾驭人类，而捣毁了纺织机。卢德主义者就是对新的科技发明嫉妒厌恶而悲观的人。——译者注
② Check-in，社交网络的一种玩法，指用户到了一个地方，用"check-in"功能，就能找到之前甚至现在就在附近的朋友。——译者注

你观看直播并观察人们的反应,最难做到的就是让自己置身事外。我就做不到这一点。我很害怕别人对我品头论足,害怕他们不喜欢我甚至恨我,但我最终领悟了一个道理:尽管很多人喜欢看我上电视,喜欢与我互动,但我不必取悦每一个人。我从来不会这样做。

在与上千万观众分享我的人生的过程中,我的脸皮变厚了,我越来越自信,并相信自己所选择的道路是正确的。我希望每个人都能从我的故事中汲取经验。在社交媒体上,你也要做真实的自己,保持真实的自我,而且不要害怕与别人分享真实的你。这个秘诀不仅适用于社交媒体,也是我对成功人生的总体看法。对我们大多数人而言,真正可怕的事情是每个人都成了批评家。相信我,那些人总会想方设法说些刻薄的话。所以,你一定要坚强,不要关注消极的事物,也不要为一些小事而烦心。老爱唱反调的人总有办法把他们的痛苦强加于你。

你绝对不能因为害怕不被认可而限制自己的社交圈子。没错,你反而要扩大交际圈,这只是第一步。我们刚刚接触社交媒体10年,它就已经改变了我们的生活,改变了我们沟通和做生意的方式。不要把社交媒体视为洪水猛兽,应该把它看成是一种机遇。你不必一下子就征服它,只要像高踢腿那样,一次一个动作慢慢来。

显然,你首先要了解自己公司的政策,想一想你的客户和未来的工作机会将如何塑造你的人生。我一直以积极的态度看待事物,从不在社交媒体上发布任何令人愤怒或沮丧的消息。在我看来,分享的目的是激励别人、让人们开心并实现销售目的。既然如此,我何必在社交媒体上放一些与这三个目标相悖的东西呢?我会在上面写一些表达个人情绪和感觉的话,但从不深入谈论政治和极端问题,因为它们不能帮助我实现那三个目标。简而言之,如果你在社交媒体上表达强烈的政治倾向，可能会失去一半"粉丝"，而这一半"粉丝"中很可能有你的潜在买家；如果你在社交媒体上放的照片表明你不注意个人卫生，家里乱糟糟的，那别人就会对你产生厌恶感。

你也许会说："我担心的并不是别人对我的恶毒评论，也不是要发表什么内容。我很擅长发布信息，但就是不知道如何培养受众和扩大受众范围。"令人欣慰的是，如今有各种各样的社交APP，所以，想要找到你喜欢的那一款相当容易。找到合适的平台之后，你就可以获得发展动力和支持者，这个过程一点都不乏味，反而相当有趣。理解社交媒体的关键在于，不要把它视为范围很小的朋友圈和家人圈，它应该是一个对你的产品感兴趣的全球买家新网络。这也是本章的重点。在社交媒体中，有数百万人相互联系，你完全可以从中挑选适合你的客户。所以，让我们开始了解社交媒体吧。

如果你在Youtube、领英（LinkedIn）、Facebook、Twitter或者是Instagram（我个人最喜欢的一款应用）等社交平台上没有账号，那你应该马上创建一个。这是第一步。你不一定要立刻在平台上发表内容，相反，你可以在每个平台上都创建一个账号，以便向那些善于使用社交平台的人学习。没错，你不能再像读高中时那样四处躲避学校里的小混混，而是要与别人多交往；也不要再抱怨科技颠覆了人与人之间的接触方式，更不要认为社交媒体只是一时的风潮。你要学会与时俱进，融入这个社会。

这些话是写给我自己的，因为我也落伍了。我认为，在这场社交媒体竞争中，我们都落伍了。我能做的只是每天进步一点点。我告诉自己："别对自己太苛刻，弗雷德里克，你已经做得很好了。你在社交媒体上发布的内容很不错。你要把每一次发布的内容视为一个小小的艺术品，不要太去想最终目标，也不要想马上在所有社交平台上发展几百万'粉丝'。你只要对自己和'粉丝'承诺你会尽力而为。就这么简单。"

如果说，希腊人以戏剧创作闻名于世，埃及人以发明象形文字而著称；那么，作为21世纪新人类，我们将因社交媒体被后代铭记。社交媒体是现代人表达自我的方式，也是大家做生意的方式，它是真实存在的事物，而且已经开始渗入我们生活的每一个层面。

如今，我25%的业务都是通过社交媒体完成的，所以说，它不仅起着重要作用，而且起着决定性的作用。每一个房地产开发商、无数的新闻工作者，还有我的大部分顶尖竞争对手都跟我一样。因为如果他们不使用社交媒体，就会被这个时代淘汰。每当遇到新朋友，我都会在各种社交平台上查阅他们的信息，研究他们的生活方式。我邀请他们加入我的朋友圈，与他们分享彼此的世界。所以说，这是一件既令人兴奋也让人害怕的事情。很快，你就和很多人产生了联系，而这些人能让你变得非常富有，比如：在参加《百万金豪宅》这个节目之前，我在Facebook上结识了安迪·科恩；在销售特朗普休南酒店时，我结识了他的女儿伊万卡——特朗普集团的副总裁；而在认识了布鲁斯·利特菲尔德之后，我们开始讨论合著这本书。

下面，我要把我领悟到一件事告诉你。在社交媒体的用户当中，有93%的人是没有经过任何培训的。你没看错，在这本书的读者中，100%的人都会读书识字，而只有7%的人受过如何使用社交媒体的培训。我当然也没接受过类似培训，而你在Facebook上的朋友几乎也都没接受过培训。我们在学校里学习英语和数学，有人教我们开汽车和骑自行车，但90%的人都没学过如何使用社交媒体及其平台。很多人在社交媒体上花费了大量时间，但我们居然没有学习过它的使用方法，每当想到这一点，我就觉得有点荒谬，你难道不这样认为吗？

通过多年自学，我学会了使用社交媒体。我对它进行学习、研究、剖析和试验。既失败过，也成功过。现在，它还在不断进化当中，至于变得更复杂还是更简便易用，那就取决你怎么看待它了。在我看来，经过这些年的发展，社交媒体已经变成了一件非常有趣的事物，它就像拉斯韦加斯赌场里一台闪闪发光的、不断旋转的、引人入胜的老虎机[①]，而且它让我收获颇丰！实际上，在我写这句话的时候，你手中拿着的这本书已经在世界上两大图书网站稳坐销量排行榜头把交椅了。你可能会说："别吹牛了。这段文字还没写完，这本书就成为畅销书了？"要做到这一点，方法有且仅有一个：通过社交媒体。我把这本书的封面放到社交媒体上，并通过众多社交平台推广这本书，然后与我的粉丝就这本书的内容进行交流，并观察这本书在网上的预售情况。无论是杂志访谈、电视或电台采访还是平面广告，都达不到这样的效果，只有社交媒体可以。

我的图书代理商和出版商对我说，一位非小说类作家的图书在出版前几个月就成为销量冠军，他们说这是前无古人的，而这一切居然仅仅通过社交媒体就变成了现实。其实这种事有过类似先例。当初，翠贝卡区北摩尔街 11 号的一个新楼盘开盘，我只是在 Instagram 上发布了售房信息，短短一个月内，我就卖出了价值 1 亿美元的房产。我在 Instagram 上贴出的信息和第一周的销售情况都刊登在《华尔街时报》《纽约时报》和《房地产交易》杂志上。

你也能做到这一点。我马上就要教你怎么做。我要尽量讲得简单一点，因为我不喜欢那些乏味冗长的社交媒体教科书。你可以在机场书店看到这种书，它们大概有 500 页篇幅，作者是某个和你我没有任

---

① One-arm Bandit，一种用零钱赌博的机器，因为上面有老虎图案的筹码而得名。——译者注

何共同点的人。我的意思是，那些在社交媒体上最无趣的人居然出书了，这怎么可能？

## 弗雷德里克APP学校

现在，"弗雷德里克教授"要问你两个问题：你有属于自己的生活吗？你有智能手机吗？只要你拥有这两样东西，就能进入"弗雷德里克社交媒体学校"学习，就这么简单。你将来要在Twitter、Facebook和Instagram等社交媒体上表演顶级真人秀，而你的人生经历就是这场真人秀的最佳脚本。所以，拿好你手中的智能手机，感谢它的发明者。

同学们，请注意听讲。我跟你们说过，我25%的生意来自社交媒体（我的"埃克伦德"房地产品牌去年收入2 000万美元佣金，也就是说，其中有500万美元来自社交媒体）。最近，我卖出了一套价值1 100万美元的豪宅。我没有和其他经纪人合作，而是通过在Facebook上发布消息，在24小时内就把它卖了出去，最终得到了6%的佣金，也就是66万美元。在这个过程中，我没有聘请任何媒体顾问、平面设计师或广告商，也没有召开任何常规会议、电话会议，更没有做任何策划方案。我不用赶任何交期，因为只要轻轻点击发送键，全世界的买家就能知道房源信息，所以，我根本不用制订某些过时的房源发布计划表，而只需要把信息发布在社交媒体上，全世界的人都会成为我的潜在客户。最妙的是，这一切都是完全免费的。更妙的在于，我们在《百万金豪宅》第三季中把那笔交易拍摄了下来。由于摄像师录下了我借助社交媒体推广豪宅的过程，所以在这一集播出当晚，我在社交媒体上又多了3.5万名"粉丝"。

# 第7章 拓宽交际圈
## 用智慧、策略和低成本寻找客户

**吸引"粉丝"的第一招就是在你发布的帖子中表现出积极态度**。这并非易事。但没关系,成功并非一蹴而就。你的帖子要表现出你平时的为人,这正是擅长此道的人为此感到自豪的原因。无论你是大客户经理、牙医或普通销售人员,都要给予自己的"粉丝"某样东西,它可以是一个笑容、一个好消息或你生活中的一点小隐私。

分享的秘诀在于:它不是一厢情愿的付出,而是双向的。"粉丝"在关注你,而作为回报,你也要尝试给他们一些东西。如果你的付出比竞争对手多,"粉丝"们就会开始谈论你,这样一来,你的社交账号就会像一株施过肥的植物一样茁壮成长。所以,每当你想炫耀自己的生意或新纪录,它们最好是鼓舞人心的,并且附有照片,然后,在接下来发布的5个帖子中,你要告诉人们一些有趣的事情,而且这些事情不能包含任何夸耀的成分。

在我看来,社交媒体是我们在当今世界自我定义的方式。尽管它看起来很疯狂,却是我们这个时代最具影响力的事物。它是我们在当今全球一体化的互联网世界中寻找自我、创造价值的终极方式。无论我们在社交媒体上发布什么内容,都是在向世人展示我们看待自我的方式,展示我们的人生自画像。

你可以通过一个人发布在社交媒体上的资料去了解他。一个人发的帖子不但表明了他/她是一个什么样的人,还表明了他/她想为自己打造什么样的形象(这通常是两码事)。每当我们要和某个陌生人见面,或者要在聚会上结识新朋友,很可能会在约会或聚会之前或之后翻看对方的社交媒体资料,在22秒之内判断出这个人是否能与我们和睦共处。这种情况是不是经常发生?

我喜欢看瑞典回转式滑雪运动员沿着旗门从山顶滑下来。他们的速度很快,而且要不断地转弯。这正是我看待社交媒体的方式。无论人们发布的信息是随意而为还是精心策划的，我都把它们视为一个个旗门，它们就是我人生的基准点。没错，我再说一遍，如果我把自己比作一道绚丽多姿的彩虹，它们就是组成彩虹的各种颜色。我的社交媒体账号记录了我的成长历程和我的奋斗方向。我教给你的第一招就是在所有社交平台上注册相同名字的账户，并在各个平台上转发同样或类似的帖子，这是同步管理多个社交媒体账户的唯一方法。

也许有人把社交媒体内容称为"现代自传"，它比传统意义上的自传更精彩。许多人会给你点"赞"或发表评论，这些评论大多数是积极向上的，也有少部分是消极的。你发布的信息记录了你人生的波澜起伏、你的不安全感、疑问、对美的追求，以及你的矫枉过正、对他人利益的判断。只有在这些基础之上，你才能实现销售，才能让别人注意到你所提供的东西。我的社交账户是我吸引生意机会的最佳方式，这一点对于你来说也不难做到。

顺便说一句，为什么我的社交账户如此重要？因为它是我亲手创建的，而且我觉得自己在社交平台上的成功还有另一个秘诀，那就是我从不让别人碰它。尽管有人向我提供许多服务，包括代我管理社交账户，但我一直都亲力亲为，这是我最自豪的地方，我希望你也如此。因为只有这样做，它才是真实的。而如果我们想实现销售，就必须一直做真实的自己。如果弄虚作假，即使是在社交平台上，也很容易被察觉。

一些所谓的社交媒体专家曾告诉我（他们也会这样告诉你），亲自管理社交账户会把你逼疯，况且你也没那么多时间去管理它。只有他们能够帮你创建一个庞大的"粉丝"群。我考虑了一下，然后把他们都拒绝了。说到这里，我要重申"做真实的自己"这一原则。如果你想隐藏自己，就不要在社交媒体上发表任何信息，但躲那个虚假的自己身后这种逃避现实的方式是相当怪异的。

我的好几个顶尖竞争对手都曾花钱买"粉丝"。这种现象越来越普遍，但我觉得这种手段太低劣了。尽管我不赞成这样做，可是我能理解他们这样做的原因。房地产行业的竞争极其激烈，在这行里，一切以业绩说话，也许是他们接触社交媒体的时机太晚，所以现在想奋起直追，赢得这场竞赛。既然他们能这样做，你也可以。只要花9.95美元，就可以让你的线上粉丝数量增加5 000人。那些程序员穿着宽大的睡衣裤，嘴里嚼着多力多滋玉米片（Doritos），为了几块钱而利用网络耍诈，人为地增加你的"粉丝"数量。你甚至可以花钱请这些人在你的帖子上点"赞"。他们用的是"网络机器人"程序，这个程序就像组装线上的工人似地一遍又一遍自动完成任务。可问题是，这些"网络机器人"不是真正的人，他们没有自主意识，也不是你真正的朋友，更不会购买你销售的产品。

如果有人用作弊手段购买"粉丝"和点"赞"数量，你怎样才能辨别出来呢？很简单，他们的数据会在一个小时或一夜之间猛增。不过，至少到目前为止，有一样东西是买不了的，那就是评论内容。你可以根据评论数量判断谁在作弊。对于Instagram上的帖子，我找到了一个公式：2%～5%的粉丝会因为你的帖子质量而喜欢你，而当中30%的人会在你的帖子上发表评论，不信的话，你可以亲自验证一下。因此，对于有500名真实"粉丝"和50 000名假"粉丝"的作弊者来说，最大的问题就是他只能得到16个"赞"（然后花点钱，把16个"赞"变成3 016个"赞"），但帖子的评论数仍然只有3个。除了花钱请他那500名真实"粉丝"发表评论，他是没有办法提升评论数量的。

让我们抛开作弊者不谈。作为我的社交媒体学员，你就要成长为一名巨星了，因为你一直在做真实的自己。还有一点，如今没人想获得名人的亲笔签名。他们想和名人一起拍张照片，然后把照片发到社交媒体上。从来没人问我要过亲笔签名，却有上千人要求跟我合影。照片就是这个时代的亲笔签名。

当红歌手泰勒·斯威夫特（Taylor Swift）曾在《华尔街日报》的专栏上发表过一篇文章，探讨音乐的未来前途。她在文章中提出："在不久的将来，歌手的唱片销量将不再取决于他们的唱功，而要取决于他们的'粉丝'数量。"如此说来，我这本书之所以能大卖，原因之一就是我在社交媒体上的"粉丝"很多，谢谢我的"粉丝"。下面这句话是对那些正在读这本书的竞争对手讲的：将来，房子的卖主将会挑选那些"粉丝"最多的房产经纪人帮他们卖房。但这不仅仅是一个数字游戏，而是我和我的"粉丝"都在投入的一场积极对话，这是一个双向沟通的过程。

如果人们信任你，他们就会追随你。而如果你的追随者爱戴你，那就是一笔无形资产。美国的点评网站 Yelp 就是这方面最好的例子。如果有人想找一家环境优雅的餐厅，就会在 Yelp 上选择一家广受好评的。社交媒体就是一个新的口碑营销渠道，而口碑营销曾是盛极一时的营销模式。

请让我暂时从精神层面上解释这种网络社交形式。我的父辈和祖辈都活在"真实的"世界里。我的母亲在画画的时候会感觉浑身充满活力，而我父亲则是在他的马场里写作的时候才会觉得自己还活着。他们都是自得其乐之人。在全身心投入自己所喜欢的事物时，时间在他们面前都会停止。当然了，他们现在都有社交账户号，会偶尔上网看一下我的照片，或者与我分享一幅画或马场的照片。再来看看现在这一代人，比如说我那个 9 岁的外甥。他完全活在网络世界里，所有活动都是围绕着网络进行的。他甚至通过互联网给同学发送课堂笔记。对他来说，互联网让时间停止，他在这个世界简直得心应手。我并没有说他不喜欢踢足球、钓鱼或骑自行车，但如果非要他在互联网和户外活动之间做出选择，我想他会选择 iPad。

如今的孩子宁愿选择玩电脑游戏，也不愿意到户外去，我觉得这并不是一件令人遗憾的事，也不认为这是线下世界与线上世界之间的矛盾。我只是觉得，不管是老年人还是年轻人，如果只是极端地活在这两个世界之中的一个，那才是一件悲哀的事。这两个世界是可以共存的。无论现在还是未来，商务人士都需要行走在两个世界里。

准确地说，我在这两个世界投入的精力同样多，而且我喜欢这种模式。原因在于：当线下世界和线上世界交汇，那正是我感觉最惬意的时刻。我会在这个时候忘记自我，沉浸在自己的世界当中，我会通过智能手机把线下世界与线上世界连接起来。

例如，我此刻人在巴黎，现在是下午 6：05，我和德雷克已经逛了一整天了。我牵着他的手，一切如此浪漫。我们来到一家餐厅，点了一瓶本地产的红酒，周围的一切看起来如此多姿多彩，充满了诱惑。我听到餐厅外面一群人正在用法语闲聊，纽约的压力已经离我远去。此时此刻，我感觉自己已经和这座古老的城市融为一体。我们走上一座石桥，感受着夕阳的余温。你能体会当时的情景吗？今夜，就在这座古老的"光明之城"，你是否也闻到了空气中弥漫的甜蜜气息？我就站在桥上，吻了一下德雷克，然后拿起相机，在巴黎充满绵绵情意的夕阳中来了张自拍。我稍微提高了照片的色彩度，并在手机里写下我当时的心情，仿佛在写一封情书。我向这一刻致敬，让它成为了永恒。我点击了分享键，把这份爱传递给我的 50 万名"粉丝"。就在那个地方，就在那一刻，在线下世界和线上世界之间，当数千人为我的帖子点"赞"和发表评论时，我觉得无比地享受。

对于社交媒体的未来发展趋势，我的看法如下：

1. 对社交媒体的投资正在成为一种必需品，而非奢侈品：传统的营销模式和预测模式正让位于社交媒体营销策略。其结果不言自明。

2. 持续参与社交的重要性：想在这个疯狂的社交世界取得成功，首先要克服"一场定输赢"的心态。你要放弃"一次性成功"的思维模式，持续参与社交活动。

3. 在多个社交平台开拓客户的必要性在于：单一的网络平台效果有限，因为你的潜在客户会在多个社交平台上出现，所以你也要在多个平台上和他们接触。你在各种平台上的言行应保持前后一致，而且相关数据应保持同步。

4. 多媒体和视觉叙事非常重要：在社交媒体上，你要开始锻炼自己的作家思维。从你的个人身份或专业身份叙述自己的故事或经历，而且故事里要有正面角色和反面角色。布局巧妙的故事是很有冲击力的，能紧紧抓住读者的眼球。

5. 移动设备显示内容的重要性：在思考互联网内容及人们体验这种内容的方式时，有必要多想一步。移动设备是社交媒体的主要载体。所以，在社交媒体上发表内容时，心中一定要装着移动设备用户。

6. 互动和参与的重要性：你要了解自己的受众，了解他们有哪些商业利益和兴趣爱好。给他们提供一些既能取悦他们，又能帮助他们迎接人生挑战的内容。我们活在一个一切稍纵即逝的时代。成功属于那些反应迅速、思路敏捷的人。

也许你在想："哪种平台最能帮助我实现销售目的？"能提出这样的问题，我觉得很欣慰。下面，我们要讨论几个主要的社交平台，它们分别是：领英、YouTube、Twitter、Facebook及Instagram。

## 领英：拓展你的职场人脉

领英是针对职场人士创建的社交平台，为职场人士提供一个人际关系网。它特别适合商界人士，是当今最流行的简历转介绍服务网站。在领英上，你能展现自己的专业技能和经验。要利用好这个了不起的专业关系促进平台，首先你要在这个平台上建立自己的档案，记录并强调你的求学经历和工作经历，然后与那些你知道和信任的专业人士建立联系。它还有一个额外的好处，那就是你可以和曾经与自己共事的专业人士或同窗好友进行交流并进行"联系"，还可以被你的某位联系人介绍给另一个人，而后者也许能对你的事业有所帮助，因为他的朋友圈可能有来自200个国家的3亿用户。

在领英网，你可以展示自己的经验、控制自己的产品定位与核心信息、开发目标客户、通过专业宣传展示可信度、与有影响力的专业人士和志趣相投的人（包括同事和潜在客户）建立联系，促成销售。

对于那些可能在事业上对我们有所帮助的人，大多数人都很难与他们所有人保持联系。领英把我们的人际关系变成一张看得见的网，并告诉我们哪些人是我们认识的，哪些人是他们认识的。举例来说，它可以告诉你，你第一份工作的上司认识公司里的某个人，而这个人正是你现在想结识的。

让我告诉你如何利用这个特点为自己服务。生意是否成功，取决你认识哪些人，这是一项重要的商业原则。假设你是一位正在寻找新

你认识哪些人，这是一项重要的商业原则。假设你是一位正在寻找新客户的会计师，你所认识的人和曾经的同事就构成了你的人际关系网，而领英能帮助你和这个关系网中的人保持联系，你可以在网站上向他们直接提供服务。此外，你还可以借助领英的推荐功能，让你以前的客户对你的工作和能力进行快速评价，从而提升你的信誉度。

领英能让你在自己的人际关系网之外找到最能帮助你的人，这个平台让你找到自己联系人的联系人，在他们的圈子中找到需要你的产品或服务的人。你可以要求朋友（也就是你分享给别人的联系人）给你介绍朋友，就是这么简单。

比如说，你想在苹果公司找份工作，或者你正在开发一款新的应用软件，却不知道如何推广这款软件，于是想从苹果公司的某个人那里寻求一些建议。也许你不认识苹果公司的人，所以要么放弃这个想法，要么用老办法，打电话给苹果公司人力资源部。有了领英，你就变身为苹果公司人力资源经理了，不但能找到目标人物，还能找到你现有关系网中认识目标人物的那个人。下一步呢？你可以和你们共同认识的联系人聊天，让他推荐你。

此外，你还可以在领英上搜索各个行业的人，这些人可以从私人角度或职业角度帮助你。领英的"专家"功能让你能够轻易找到一些在博客上谈论与你所在行业相关话题的专业人士。还记得我们之前讨论过如何在你的职业发展过程中向顶尖人物学习吗？领英让你有机会观察自己所在行业的专家知道些什么，然后将专家的知识运用到你自己的事业当中。给他们发一些表示感谢的信息，他们马上就会注意到你。

领英是与客户互动的完美途径。你可以在领英上直接给客户发信息或者进行问卷调查，通过这些方式让客户知道你关心他们。如果人们知道他们的想法对你很重要,就会心存感激。而通过倾听,你会学到很多东西。从那些认识你或与你共事的人的回应中,你会得到极大的满足感。

## YouTube:视频功效是传统媒介的五倍

谈到社交媒体,也许大多数人会想到 Twitter 和 Facebook。在讨论这两个社交网站之前,我要提醒你的是,YouTube 也可以作为一种优秀的学习工具;只要学会如何创建视频内容,就可以提升你的形象并增加你的视频受众数量,从而让他们注意到你所推荐或销售的产品。有些人甚至借助在 YouTube 上传视频而成就了一番事业。

在 YouTube 上,每天都有 40 多亿人次的总浏览量。也就是说,全世界每天都有一半的人在这个网站上观看一段视频。没错,许多人完全是为了娱乐而观看视频,而大多数人是为了寻找信息或帮助而观看视频。实际上,在每个月的视频关键词搜索中,有 3 500 多万次搜索是寻找介绍基础知识的视频。那么,你如何才能利用这一点来实现销售呢?

假设你是一名水管工,在 YouTube 上传了一段"如何修理漏水马桶"的视频,那你就不仅是在帮助别人解决问题,还是在树立自己的专家形象,让周围的人在自家水管破裂的时候想到给你打电话;假如你是纽约市的一名兽医,并在 YouTube 上传了一段"如何识别莱姆病症状"的视频,那么当我的"小老鼠"表现出类似病症时,我会想到给你打电话;假如你是一名房产经纪人,并在 YouTube 上传了一段参观待售房屋的视频,那么你就不仅是在展示你要卖的房产,也在展示你在房地产市场上的专业地位;如果你是一位懂生活的畅销书作家，并在 YouTube 上传了一段"如何给餐椅换椅面"的视频，那你就不仅是在帮助别人解决难题，也是在提醒人们关注你的畅销书。不信的话，你可以问问这本书的合著者布鲁斯·利特菲尔德。

最近的一项问卷调查显示，在寻开发新客户方面，视频比传统内容的效率高 5 倍，而 90% 的客户看过在线视频之后，会立刻做出购买决定。所以，你要让自己成为本行业的专家，上传能吸引人眼球的有趣视频，多分享一些与你的产品或服务相关的信息，建立属于自己的粉丝群。如果视频内容足够吸引人，你就会迅速蹿红，客户和买家将蜂拥而至。

## Twitter：搜寻特定主题，与特定群体交流

Twitter 自称是"全球城市广场"，并宣称未来的革命不会由电视转播，而是通过 Twitter。Twitter 是当今最火的实时聊天工具。可是，尽管 Twitter 一直在改变，但我真的不怎么喜欢它。只是因为我不想落后于时代，所以我要求自己尽量去喜欢它。既然这本书讲的是如何推销自己，那么作为自我推销工具，Twitter 存在着三个致命缺陷：首先，Twitter 的每条消息被限制在 140 个字符之内，篇幅比"电梯演讲"的台词还要短；其次，它显得很嘈杂，因为大多数内容都是文字；最后，大部分人不知道有多少其他人会看自己发的东西，一旦他们知道，很可能不会再发任何东西了。

140 个字符是什么概念？在我写下这句话的时候，这本书的总字符数已经有十几万了，而且我才刚刚写了一半。如果你是一名记者或摇滚明星，或者喜欢用手机和几百万人一起看篮球赛，那么 Twitter 就是一种重要媒介。没错，Twitter 的传播速度很快，每当发生重大

事件时，人们可以通过 Twitter 获取新闻，而且它还是一个很好的信息发布渠道，但由于字符限制，它不是一个作用很大的销售工具。

除此外之，Twitter 上的信息更新速度比赛车还快。所以，除非你只关注一个人的 Twitter 账号，否则了看到所有人的 Twitter 更新内容，你基本要全天 24 小时盯着屏幕。在一生当中，我们关注 Twitter 好友的数量比看书的时间还要多。也就是说，如果你在 Twitter 上发布一则消息，可能只有 5%～15% 的朋友会看到你的推文。

在 Twitter 上，每天会有 1.9 亿条新推文。就好比你手里拿着一个扩音器，朝一大群人大声呼喊，这群人也拿着扩音器在大喊大叫。更让人咬牙切齿的是，每个拿着扩音器的人都认为自己是世界上最有趣、最聪明的人，却没有意识到他们已经患上了"炮台综合征"。看看 Twitter 这个大世界吧，每个人都在抢着述说一些事情，其实就是想让别人觉得他是世界上最聪明的人。在《龙卷鲨 2》(Sharknado 2) 的上映过程中，人们在 Twitter 上留下了 100 万条印象。想想看，在看电影的时候，你能看多少条那些辛辣的点评推文？

我一直想利用 Twitter 做生意，所以一直关注在 Twitter 上可以卖些什么。我曾经不断地发表推文，向我的 9 万名"粉丝"介绍这本书，并且在里面加入了一个预订的链接，但最终只卖出了十几本书。当我把这本书的信息发到 Instagram 和 Facebook 上时，它迅速进入了全球十大畅销书榜单。话说回来，也许我在 Twitter 上的平庸表现与我对这个平台缺乏热情有关。我很想听到你利用 Twitter 作为销售工具取得成功的消息。

Twitter 官方辩解说，他们最近已经在以下几个关键领域进行了改变：改进了推文促进功能（相当于 Facebook 的帖子推进功能）；全新的平台能让用户将内容呈现在一个极其特定的目标受众面前，或者以相对较低的成本将内容呈现在一个数量极其庞大的受众面前；它的潜在投资回报率非常高。Twitter 还改变了它留在人们心中固有的印象。如今，它和 Facebook 对市场有着类似的见解，即两者都允许用户看到每篇帖子所得到的印象数。最后需要提及的是，Twitter 号召用户使用行动卡，这是一种适用于特定受众的业务拓展工具。

Twitter 比其他平台更注重可查找性，这是我最喜欢的地方。有时候，只要我搜索 #MDLNY，就能看到与《百万金豪宅》这档电视节目相关的推文；或者搜索 #TheSell，就能看到人们在谈论我的这本新书。实际上，这个平台非常注重查找人们对特定主题的探讨内容。归根结底，Twitter 才是社交网络话题的发明者。假如你善于使用 Twitter，就会有更多人找到你。你可以在一个特定的群体内参与一场大范围的讨论。

是的，我打算再给 Twitter 一次机会。在这片充满文本信息的"丛林"当中，我觉得自己会被某个话题扼杀。但 Twitter 也有许多可取之处，它除了可以磨炼你的聪明才智之外，还可以转发内容。你可以复制自己 140 个字符的信息，然后把它转给很多人。如果方法得当，你可能很快就会在 Twitter 上走红。我要成为 Twitter 达人——这是我给自己布置的家庭作业。

## Facebook：超"赞"的销售工具

我身边的每个人几乎都在用 Facebook，它就像一场大型的老友聚会。你可以在聚会上看到朋友和亲人，而每个人都在对别人讲述他们的生活多么美好。但对我来说，Facebook 也可以作为一种完美的销售工具。

有时 Facebook 可能会让你产生低人一等的感觉，似乎自己的人生无法与别人相提并论。但在现实生活中，每个人都有高峰和低谷，有些人敢于直面人生的低潮，但大多数人在 Facebook 上都是报喜不报忧。起初，Facebook 只是大学生用于保持联系的工具，现在已经变成全民皆知的社交网站。人们在 Facebook 上吹嘘自己在哪里度假，炫耀新房子和新工作。可是，你一定要克服自己对生活的不满足感，全身心地投入自己的人生中。但同时你也要使用 Facebook，并在上面培养自己的"粉丝"。下面，我们看一下来自 StatisticBrain.com 网站关于 Facebook 的调查统计数据：

- Facebook 拥有 12 亿用户；
- 在全世界 18～24 岁年龄段的人群当中，有 98% 的人使用社交媒体；
- 每月人们在 Facebook 上花费的时间共计约 7 000 亿分钟；
- 每人每月在 Facebook 上花费的平均时间为 15 小时 33 分钟。

从这些数据中可以看出 Facebook 的重要性。既然如此，如何才能让大多数人在 Facebook 上找到你呢？Facebook 运用了一种复杂的算法，经过多次计算，它会在人们上传的消息中选出"头条"，这种算法决定了你看到什么信息和看不到什么信息。没人知道消息排名的准确算法，因为 Facebook 对其算法的保密程度不亚于可口可乐的饮料配方。

每隔 7 分钟，Facebook 会计算一次你上传的内容得到的点"赞"

数量。它还会计算你获得的评论数、谁发表的评论,以及谁在点"赞"。但最开始的7分钟内,你的帖子会脱颖而出,然后它要么开始下沉,要么排名更加靠前。因此,每个帖子都是成指数级别成长或消亡的。例如我拥有20多万名"粉丝"。当我上传某个帖子的时候,点"赞"数可能会累积到1.4万个,但也有可能只有300个左右,随后便销声匿迹。这取决于我的帖子是否在开始时引起了"粉丝"的注意。

对于在什么时间发帖最能引起别人的注意,人们提出了一些方法。我发现在Facebook上发帖的最理想时间是纽约时间上午11:00左右,因为此时正是欧洲时间下午5:00,亚洲时间晚上11:00和洛杉矶时间早上8:00;在这个时间段内,全世界的人都在上网。你永远不知道为什么有些帖子备受欢迎,而有些帖子却无人问津,这就像是一场俄罗斯轮盘赌,不可思议却又欲罢不能。虽然这难以预测,但我可以让它变得更容易把握,现在我要跟你分享这个秘密。

Facebook是设计出如此复杂的算法的最终目的还是盈利。你可以付费提升某个帖子的排名或推广某个页面,从而加快该帖子的运算速度,促使其排名上升。这种方法很有趣,因为它带有不可预测的色彩。

在讨论Facebook的广告模式之前,请允许我先解释一下"个人信息页"与"专页"之间的区别。"个人信息页"是大多数人都有的,从刚使用Facebook时,你就要注册姓名等个人信息以便与朋友和家人保持联系。但如果想要在上面销售产品,你要创建一个专页。专页能给你更多选择:有助于你培养一个更大的受众群体,为自己的产品做宣传。而最重要的是它能提供给你数据,让你知道自己表现如何。

与Twitter不同,Facebook会提供具体的数据。你能看到专页的后台数据:"粉丝"点"赞"数、内容的覆盖范围、帖子点击次数和转发次数等。久而久之,这些数字会形成一张图表,你会看到自己的有效工作和无效工作,这些数据将大大有利于销售工作的进行。

长久以来,在Facebook上做宣传都是一件很复杂的事情,但自从开展了投放广告的业务后,Facebook就必须在后台做大量的编程和设计工作,以便普通用户也能轻松地在上面发广告。现在我越来越多地在Facebook上做广告了,因为这样的广告更有针对性。

YouTube上面有一些很好的视频教程,教人们如何在Facebook上发布广告,你可以去看一下。当你把Facebook彻底弄明白时,它就是你强大的推广工具。

当你在推销产品、甚至谈论你的伴侣时,肯定希望更多的人看到这些帖子,而且这些人最好是你的目标受众。Facebook能助你一臂之力,当然你也可以选择花钱让别人发表评论或点"赞"。

你接触到的人越多,你的帖子在Facebook上被分享或转发得越多,就越能扩大你的社交圈。通过分享和转发,你和你的帖子会一夜之间在网络上广为人知,"粉丝"量会迅速增加。

你可以把发帖称为闲聊、吹牛或随便怎么说,自己的帖子被很多人谈论是很美妙的一件事。我刚把本书英文版封面发到社交媒体上,并且提到"现已接受预订",就立刻有1.4万人给我点赞,而且这篇帖子被分享了1 000次。利用Facebook的"观察"工具,我看到这篇帖子已经被浏览了98.9万次,这真是一篇了不起的帖子!

如果向一个覆盖百万人口的电视台购买广告,需要付出高昂的费用,而且人们没法在点击某种产品的广告后,立刻购买该产品。而Facebook网站允许人们进行互动并提供相关数据,最重要的是人们可以随时购买产品。相比之下,社交媒体比传统媒体更加适合投放广告。

## Instagram：现代、时尚、无广告

Instagram是我最喜欢的社交媒体。Instagram，你就像是我的一块彩色方形宝石，你如此可爱、如此时髦、如此性感。你完美无瑕，我要感谢它在工作和生活上给我如此大的帮助。Instagram是社交媒体界的新面孔，是Facebook的孪生姐妹。Instagram创始人成立它的最初目的是分享大家手机中的照片，后来又增加了分享视频功能。它的使用方法很简单：先拍一张照片，润色一下，写上一个标题，上传。这张照片会直接进入你的众多"粉丝"的视野，而且不用打任何广告（只是暂时不用），没有任何干扰信息。

我喜欢Instagram的原因有6个：

1. **Instagram上的帖子呈线性排列**。我关注着852个Instagram账号，每当我登录时，就可以按时间顺序查看他们发的帖子，不会错过任何一张照片。而且当我上传照片时，总会有大概30万名"粉丝"看到我发的帖子。

2. **Instagram尚处于新兴发展阶段**。它拥有2亿多用户，而其中大多数人是在过去的两年内注册的，而且大部分用户都很活跃。Instagram非常有趣，很容易让人上瘾。一天中，用户们使用它的次数比使用其他社交应用软件的次数要多得多。这款产品更酷、更新潮。我觉得Instagram代表着社交网络的未来发展趋势。从某种意义上讲它是新一代的Twitter。大多数人正在把他们的创造力和注意力从Twitter转移到Instagram上。

与此同时，Instagram也在打造一些网络名人，例如一位名叫"瑜伽女孩"的用户因为自己引人注目的网络形象而被崇拜。而在Twitter上就很难做到这一点。每当瑜伽女孩在Instagram上发布照片，就会

顷刻收到上万条评论，有大批"粉丝"跟她示爱。在 Instagram 上发照片不仅是一种个人行为，也是一种销售行为，因为借助 Instagram，瑜伽女孩的新书也登上了畅销榜榜首。

3. **图片是最完美的销售工具。** Instagram 能帮你展现更好的形象，它相框内的照片充满了各种色彩。一张完美的照片胜过千言万语。我在 Instagram 上关注的人所推送的内容截然不同，从户外摄影到麦当娜的自拍无所不有。

4. **这款软件使用方便。** Instagram 的"滚动视图"功能是根据老虎机为原型设计的，便于用户触屏浏览照片。它的滤镜功能让照片看起来更具艺术感，而且操作简单，你大可不必为了要拍出专业照片而带着笨重的单反相机。

5. **在社交媒体上获"赞"会让人非常激动。** Instagram 鼓励用户点"赞"和自我竞争（或者与其他人竞争）。刚开始用 Instagram 时，我会为自己的照片得到 100 个"赞"而兴奋不已；现在如果我喜欢的照片得不到 10 000 个"赞"，就会非常失望。而对碧昂斯来说，获得 10 万个"赞"才算成功。她非常擅长使用 Instagram，而且从不给照片附加标题。当我的帖子得到 10 000 个"赞"时，我会非常兴奋，而约翰只要获得 100 个"赞"，就会像我一样兴奋。

6. **你可以借助 Instagram 发现自己和他人的天赋。** 如果运用得当，Instagram 会让你重新认识自己。它能够展现你的艺术天分、真实想法以及世界观。在拍摄相同的物体时，两个人会拍出完全不同的效果，这反映了不同的心境。不要担心别人怎样看，这是你的自由空间，而且你能清楚地感受到与别人的联系。我真的可以融入 Instagram 这个社群，可能里面有些人我从没见过，也永远不会见到，但我仍会关注他们的人生轨迹和梦想。我非常喜欢 Instagram，对它爱不释手。

你是否认为社交媒体将成为一种常态？

你是否认为社交媒体将成为我们生活中必需的一部分？

当我说我的新书因为在社交媒体上营销得当而成为畅销书时，你是否相信？

如果上述所有问题的答案都是肯定的，那你现在就要开始建立自己的社交"帝国"了。在追求梦想的路途中，一定要利用好这个不可思议的销售工具。

## 网络"圈粉"秘诀

我们已经对当下流行的网络社交平台有了基本的了解。接下来让我告诉你一些众所周知的秘诀。借助这些秘诀，我紧紧抓住了他人的注意力，赢得了众多"粉丝"。

1. 一张瞬间打动人心的照片胜过千言万语。即使你没有在用 Instagram，也要把照片发到其他社交媒体上。只有文字的帖子很难引人入胜，并且获得的点"赞"数量也很少。照片越清晰、漂亮，得到的"赞"就越多。想知道如何拍出靓丽的照片吗？我在自己的 iPhone 上下载了 Camera+ 应用程序，然后用 HDR 功能增加对比度，有时还会使用 Sierra 滤镜。即使我只发表一段文字，也要放上一张照片。例如，如果我写下："高踢腿学员，我刚刚创造了苏荷区的一项纪录。"我可能会配一张高踢腿的照片，背后是苏荷区街景。

2. 动物、婴儿和大自然的照片最能吸引眼球，夕阳、日出、摩天大楼、海浪和半裸的照片也能达到相同的效果。我曾发过很多宣传这本书的帖子，其中一个帖子我称之为"吹牛贴"，其目的是卖出更多的书。我在这个帖子里使用了一张照片，在照片中，我亲吻着一只名为"泰坦的大丹犬。这是我使用社交媒体以来发得最成功的帖子。所有人都喜欢成功人士和品种优良的宠物狗的合影。

3. **遵守"5 小时规则"**。永远不要在 5 小时内发布两个以上的帖子,否则人们会感到厌倦;如果你的好几个帖子都在说同一件事,那就是自寻死路。比如你刚刚订婚,在社交媒体上发帖说:"他向我求婚了。"会有很多人给你点"赞";半小时后你又发了一个帖子说:"我太惊讶了。"不久你又发了一张照片,边微笑边说:"我非常开心。"但我已经给你点过"赞"了,你要我一天当中为同一件事点多少次"赞"呢?

这个帖子获得了 21 919 个"赞":今天早上醒来,我发现我的新书在巴诺书店(Barnes & Noble)全球 3 000 万书籍中排名前十。所以我穿上最喜欢的西装,去苏荷区的克罗斯比酒店吃了早餐,并且在酒店门外亲吻"泰坦"。

4. **把追随者变成人生的共同创造者**。你可以在社交媒体上阐述某种观点,也可以推广和销售产品,但一定不要让别人觉察到。不要在社交媒体上放一张 15 人围坐长桌的照片,并配文说:"和朋友度过一个美妙的夜晚。"否则你的"粉丝"会感到自己被排除在你的朋友圈之外。你不但没有邀请他们参加这次聚会,还跟他们显摆自己的人生多么美好。你不能让屏幕另一端的"粉丝"产生挫败感。如果你想让"粉丝"继续追随你,就要把他们变成人生的共同创造者。你可以在帖子上这样写：“人生起起伏伏，但我很幸运总能遇到贵人。"这句话有些谦虚，显得很真诚，而且能给"粉丝"一种认同的感觉。别忘了在帖子的最后提出一个问题："难道你不这样认为吗？"这个问题相当于把情感转移到别人身上，你们的心连在了一起。

5. **避免生硬的重复**。在社交媒体上最忌讳不断重复。人们的记忆力很好，如果你一直重复说过的事情，会让他们感到厌烦。不过我仍会有技巧地反复谈论下面 5 个主题：

- ◆ 与销售相关的主题，例如销售纪录、新的待售豪宅、一个月实现 1 亿美元的销售业绩、本周促销活动等；
- ◆ 纽约风景或旅途风景，附上神采飞扬的文字，描述我的美好感觉；
- ◆ "小弗里茨"和"小老鼠"，或者其他非常可爱的动物；
- ◆ 我的自拍照。有时是户外运动照片，比如在跑步或登山时拍的照片；
- ◆ 和别人一起游玩的照片。我一般会和一两个人合影，有时也和一群人合影。

如果你到马尔代夫游玩，发现拍出来的风景照片大同小异，那就把一张以白色沙滩为背景的自拍发到网上。千万别发出 10 张同样的照片，除非你附上的文字是"再见，马尔代夫"。如果你发布过多雷同的主题，例如在沙滩上吃午餐、在同一片区域游泳、在遮阳伞下自拍、在海滨浴场做按摩等，会让人们觉得索然无味。除非你是一名极其出色的摄影师，能拍出唯美的照片，否则尽量别上传相同的照片。

上了一天班后,我回到家里,发现"小弗里茨"正坐在沙发上看《绝对成交之一个房地产销售教父的自白》,你订购这本书了吗?

6. **勇敢"搏出位"**。社交媒体是数字的游戏。你要尽可能地让更多人看到你的帖子,并成为他们谈论的话题。可是这并不意味着你要把和上司在公司圣诞晚会上跳电臀舞的视频放到网上。可如果你真想这么做,一定要做得有个性,并且确保万无一失,因为这种事情肯定会引起人们的议论。帖子本身可能不会让你获得那么多"赞",但能让你与众不同。当初女歌手麦莉·赛勒斯跳电臀舞的时候,所有人都认为她的职业生涯要结束了。大家对她恶评如潮,但在社交媒体上,她赢得了200万"粉丝"。一夜之间,她成为全世界最受欢迎的艺人。

7. **用心与他人互动**。我会给别人的帖子点"赞",也会给评论我帖子的人点"赞",尽管有时我的帖子会有成千上万条评论,我也会逐个给他们点"赞"。这可能需要花费两个半小时,但我用自己点的"赞"告诉他们,我已经看过他们的评论了。如果我有时间,还会回复别人的评论。社交媒体就是一场大型的独角戏,我们各自站在房间一角,眼睛盯着彼此,内心却与自己对话。请走到房间的正中央,和你的"粉丝"们多互动。很少有人意识到这可以变成一场对话。每个人都想被别人倾听或得到认可。而这正是销售员要做的一部分工作。

## 社交媒体的线上回报与线下收益

有些销售员希望客户走进大门后直接交钱，你可千万不要犯这样的错误。你使用社交软件的目的是什么？如果你只想让父母了解你的行踪和每天的工作，给他们打电话就行了。我敢说你妈妈肯定更喜欢你打电话给她，而不是发一张自拍照。但如果你想推销杯子蛋糕、广告版面、新书和你自己，就要学会如何用独特的方式掌控这个游戏。你要抢在竞争对手之前培养自己的"粉丝"。

随着社交媒体的不断发展，它的影响会越来越大。你和"粉丝"的沟通效果将直接影响到你的销售业绩。所以对你来说，社交媒体绝对是一件销售利器。

最重要的是，我发到社交媒体上的帖子就像回转式滑雪的旗门。无论它们在线上还是线下，都给我的人生带来了两种回报，一种回报是表面的，而另一种则是在内心深处。

**1. 社交媒体推动我不断前进。** 社交媒体以一种奇怪的方式帮助我去过一种健康的生活。有些人不喜欢听从陌生人的建议，但你的"粉丝"却会喜欢你所介绍的东西，这正是他们追随你的原因。当然，你也可能喜欢上他们所喜欢的东西。

我的一些朋友在逛街时会挑选一些更适合拍照的衣服。假如某件衣服让他们犹豫不决，他们会问自己："如果我穿着这件衣服自拍，以后还会看这张照片吗？"如果答案是肯定的，他们就知道自己买了一件适合自己的衣服。

有时在选择旅行目的地时，我会考虑哪些地方才能让我获得最多的点"赞"数量。因为我的追随者是我的第二个家，他们了解我，也知道我应该去什么地方旅行。当我沐浴着夕阳站在那座浪漫的中世纪古桥上时，我享受着那个特殊时刻。但是只有我把这张照片发到社交媒体上时，它才显得尤为特别。我会给照片配上最能描述当下心情的文字，然后把下一个要去的地方标在地图上。举个极端的例子：如果"粉丝"们看到弗雷德里克去酒吧，那么点"赞"的人数就不会太多；而如果弗雷德里克亲吻了他的奶奶，那他就能得到上千个"赞"。在"粉丝"眼里，奶奶远胜过鸡尾酒。由于社交媒体的作用就是加强人与人之间的联系，所以它能引导我们去追求人生中积极的事物。

**2. 社交媒体帮助我回忆过去。** 假设我不幸遭遇车祸受伤（希望这种事永远不要发生），现在正坐在轮椅上，我会有很多东西值得回忆。我曾经捕捉到人生中某些了不起的时刻，全身心地投入到生活中。社交媒体可以为我作证。人生由一系列的心动时刻组成。每一次心跳、每一次大笑都一闪而过，很快成为过去。而这些照片、文字、评论和"赞"构成了一本属于你自己的人生日记，谁也带不走它。过去无法重来，但我可以通过社交媒体回顾那些激动的时刻。这些帖子见证了我人生中最重要的时刻。我每天要发表3～5篇帖子，它们描述了我在这一天中经历过的重要的事情。在这个疯狂的世界里，一切都瞬息万变，而不变的是我记录下来的美好瞬间。

你在社交媒体上所做的一切至少能给你带来一种回报：它是你多彩人生的日记，此外它还会带给你财富。

撇开其他不谈，你在社交媒体上所做的一切至少能给你带来一样回报：把它看作你多彩人生的日记，它同样能给你带来财富。现在，赶紧去发帖子吧，而且记得加我为好友。

# 第 8 章

## 完美推销术
凸显你自己和你所卖产品的优势

　　此刻我正在电梯里,准备进行人生中最重要的一次销售。电梯里没有镜子,这让我很苦恼,只能盯着电梯门上模糊的影子整理头发。我精心挑选了一件外套,既不过于花哨也没有过于正式。我没有打领带,这样会显得更加休闲和自信。但我还是感觉到慌张,因为我知道这次销售将改变我的人生。

　　当电梯门打开时,我看到房门就在正前方。我能听到自己的心跳,脑海中一遍遍地重复着那些问题:"你比其他人更优秀吗?你觉得这样靠谱吗?你确定不会让我们失望?你是否知道,你从我们这里拿走的东西是拿不回来的?"我感到非常紧张。有那么一瞬间,我竟然记不起所有答案,而这些答案是我反复思考过的。我的手伸向门把手,犹豫了片刻。这次销售如果成功,我将会成为世界上最幸福的人,带着愉悦的心情离开这所房子。如果失败,我还是会走出同一扇大门,怀着悔恨度过余生。

　　我昂起头,露出最迷人的微笑,推开门,对德雷克的父母说:"你们好。"

# 第 8 章 完美推销术
凸显你自己和你所卖产品的优势

## 你卖的不是商品，而是梦想

对于"推销"的定义有许多种。在谈到销售时，我对"推销"的定义就是在初次见面时前 10 分钟所发生的事情。无论推介会耗时多久，在会议的前 10 分钟就已经产生了结果。从第 11 分钟开始，推销已经变成了一场谈判，因为从这时开始，无论是客户还是你的对手，都已经在心中做出了决定，并开始寻求最有利于自己的交易条件。

本书开始时我就说过，人生中很多东西都可以谈判和交易，但有些东西是神圣而无价的，比如爱情。我们每天都在向所爱的人推销自己，有时还要向爱人的父母推销自己。与德雷克父母见面的前 10 分钟是我人生中最重要的 10 分钟。我不但要问他们我能否与他们的孩子结婚，还要让德雷克离开他们，从英国搬到纽约和我一起生活。

这世上有两种事情是最可怕的：一是请求别人给予你想要的东西，二是告诉别人你可以向他销售什么东西。但如果我们想在这个世界取得成功，这两件事都必须做，而且要出色地完成。因为"推销"其实就是向别人介绍某件物品，希望对方投入金钱、时间或感情，这常让人备受折磨，因为大多数人不具备过人的胆识、谈判技巧以及远见。获得自己想要的东西和取得伟大成就是一种能力。而影响他人，让别人喜欢我们的想法、产品和服务，也是一种能力，这两种能力有着直接的关系。

我曾向安迪·科恩推销我的影视服务，还向德雷克的父母推销我们两人的未来。其中有一些共同之处。无论是向上司要求升职，向潜在客户展现你的销售技巧，带买家参观一所售价千万美元的公寓，或是劝说妻子聘请管家，推销的首要目标就是让对方无比兴奋地说"是"。

# THE SELL
## THE SECRETS OF SELLING ANYTHING TO ANYONE

要将某件物品推销给某个人,你首先要让对方认可你,知道你能满足他的需求。**任何人都想知道你能为他做什么,而不是你为其他人做过什么,这两者有天壤之别。**

也许有人会认为我的说法有些愤世嫉俗,但我不是悲观主义者,相反我是十分积极的。这个世界上,你会与很多人相遇,无论你向他们推销产品、与他们聊天或只是看着他们,他们都希望愉快地结束每一次的相遇,而不是让心情更沮丧。在每次与别人相遇时,你都有机会这样做,长此以往,人们会认可你并喜欢听你说话。

这个道理也适用于推销。"推销"是一种机遇,你可以抓住这个机遇,在时间或金钱不足的情况下向某人介绍你的想法或产品。推销时你的任务就是对另一个人说:

我要让你的生活更加美好,我提供的东西正是你需要的。你要聘请我、从我这儿购买产品、你要再次和我约会、和我一起共创未来。在我走出那扇大门之前,请答应我的所有要求。因为我向你展示了通向天堂的阶梯,这个阶梯既属于你,也属于我,它是我们共同的阶梯,我们现在就要顺着它爬上云端,那里是阳光普照的地方。我想帮你解决问题,帮助你增加人生阅历,并成为一个更优秀的人。你看到了这些可能性,我也看到了,所以,让我们现在就开始行动吧!

现在我想在我们的"阶梯"上再前进一步。无论是一个美味的杯子蛋糕、一套新房、一辆汽车,还是一次按摩,任何人都能说出他们的产品或服务好在哪里,以及市场定价多么合理,这是很容易做到的事情。一次完美推销的秘诀在于你要让对方追求崭新的自己,比如:

## 第8章 完美推销术
### 凸显你自己和你所卖产品的优势

迎接新生活、接受新机会、购买一件新的奢侈品……这些都能让他们把过去的自己抛在身后。变化是好事，而如果这种变化是由你带来的，那就更好了。

当一位女士因为她的旧家具与新公寓的风格不符而对公寓嗤之以鼻时，这是一个绝好的机会。我的任务就是提醒她：这将是一个新的开始。我会对她说，她可以趁此机会让生活焕然一新，我向她描绘出一张新餐桌、一批新客人和更加美味的食物出现在这套新公寓里的情景，然后对她说："甚至连我都想来坐坐了。"她笑了笑，不确定我是不是在开玩笑。接着，我兴奋地举起双臂，略带夸张地说："看，你的客人就坐在那里，我看到你高朋满座，还能闻到食物的香味。哇，我还不知道你竟然能做出如此美味的大餐，我能听到你把红酒倒入酒杯的声音，梅洛干红，真有品位。现在我有点口渴，我觉得我们应该喝杯红酒庆祝一下。"

如果你买不起新车，我会劝说你买一辆二手车，这时我可能会说："这车看起来就像是全新的，但价格还不到新车的1/3。如果你现在把它买走，绝不会贬值，这笔交易对你来说太划算了。"

最近我认识了一位新客户，他的公司正在裁员。我之所以知道这件事，是因为他急需现金而找我帮他出售房产。但如果我跟他说我知道内情，他就不会找我帮忙了。对任何老板来讲，由于缺钱而精简机构是一件令人沮丧的事。相反，我的目标是把控局面，让事情变得积极一些。

我对他说，我想帮他卖掉那套大房子，换一间小一点的公寓，这样做有许多好处。我对他说："其实你并不需要那么多空间，你甚至连家具都没有布置好，而且你经常出差，将来出差频率会更高。把那么大一间房子空置不用，实在是一种浪费。所以干脆买小一点的套间，但一定要带阳台,因为你喜欢户外空间。我确保你推荐的新社区周边都是餐厅,而且靠近江边。你不是忍受不了那个旧街区的拥挤吗?现在这里整洁又安静,你可以开始一段新生活了。我为你感到高兴,这简直太棒了!"

在房地产行业我一直谨记一条原则:**不仅要让客户喜欢我出售的公寓或别墅,还要让他们享受和我在一起的时间**。虽然新公寓本身会改善客户的生活,但我还是要去说服他们做出那个改善生活的决定,而说服过程必须是愉快的。所以,我设法在迷人的环境中说服他们,比如别致的餐厅、优雅的酒店大堂,或者选择一个阳光灿烂的日子,在中央公园野餐时向他们推销房子。

记住,你的竞争对手可能是你的同事、同行业的从业者,或者是你的情敌。他们都想和你争抢生意。所以你要勇于面对挑战,遇到困难时不要逃避。无论在什么情况下,你都要对各种可能性感到兴奋,并将这种兴奋感投射到你想说服的人身上,让他购买你的产品。不管事情多艰难,它都是可以解决的。这就是乐观精神。你要像小鸟那样放声歌唱,即是在雨天里。

最近,我有位客户遇到了一个难题:他买不起曼哈顿上西区一处售价1 100万美元的联排别墅,而不得不考虑在布鲁克林区买房。我对他说:"布鲁克林的那幢房子虽然只需要400万美元,但也是一幢豪宅。而且从曼哈顿过去只要25分钟。你完全可以用省下来的700万美元每天坐出租车上下班,你还可以拿这笔钱在迈阿密买一套高级公寓。而且现在大家都抢着在布鲁克林买房呢。"

即使形势不遂人意,你也能找到积极的一面。就像在人生最艰难的时刻,依然有机会看到光明。我的职责就是关注事物积极的一面,这正是看待生活的最佳方式。在看到半杯水时,一定要把它看成是差半杯还没满,而不是差半杯就空了。而且,你还要与身边的人分享这半杯水。

## 一见钟情式推销

此时此刻,也许你正准备与某人开始第一次约会,或者正准备和上司谈升职的问题,抑或是准备向客户推销一套公寓或其他产品,而你只有10分钟来打动他们。如果在这段时间内你无法说服他们,那么你就失败了。十分钟后,如果他们想从你这里得到更多东西,那你就可以迈向下一步:谈判(我们会在下一章探讨)。

我敢打赌,你至少约会过一次。在你的记忆中,这次约会肯定花了你很多心思,而结果非好即坏。初次约会时,你会坐立不安,还会在对话的过程中突然沉默。你的脑海中会充满着诸如"我应该这样做吗?"或"我不应该这样做吗?"之类的问题。与推销产品一样,约会本身就意味着开始或结束。

假设你和我正在约会。

我第一步该做什么?我主动去约你而且希望你能热情地回应我的邀请,因为其他答案对我来说都是失败。当别人对你不感兴趣的时候,你的伤感是显而易见的。

但我不会问你想不想和我约会,而是会告诉你一个明确的想法:"嗨,明天晚上8:00,我想请你去ABC Kitchen餐厅喝杯黑皮诺红酒,你觉得怎么样?"我向你提出某个具体的建议,在显示出我的自信的同时,也征求了你的意见。

你的回答是:"好的。"

这比"你什么时候有空?"这种旁敲侧击的提问方式更有效、更干动。如果有人真的对件问你,一定要给别为一个咱准的咖啡,不能犹豫不决。人们只欣赏和尊重那些能够当机立断的人。

"太好了,我晚上有些事情要对你说。"我说道。

"砰!"发令枪响了,我们俩约会这事就这样定下来了,而且我还给你留了个悬念,你肯定很想知道我晚上要跟你说什么事情,不是吗?

让你所做的每一项工作都能帮助你逐渐达成销售,这是在任何交易中取得成功的秘诀。交易始于你与对方的初次接触,所以当你想从某个人那里得到某些东西的时候,你的开场白必须能够牢牢抓住对方的注意力。我不仅邀你共进晚餐,还巧妙地邀你去我最喜欢的餐厅,还对你说要告诉你一些私密的事情,这会引起你极大的好奇心。同样,如果我想要求上司给我加薪,我会这样告诉她:"我可以在周二下午2:00和您聊10分钟吗?我想到了一个帮公司赚钱的好办法。"她会对此很感兴趣,而你也获得了10分钟的面谈时间。

正是依靠这种方法,我销售出一套漂亮的公寓。一名客户发邮件给我说,想看一下我手上的待售房源,他是这样说的:"我可以在明天早上看一下你在苏利文大街的那间公寓吗?"我立刻给他回复邮件说:"我稍后给您答复。"就这样我既没有说"是",也没有说"不",我让他等我电话。

推销就是从这时开始的。我给他留出几分钟,让他进入我的个人空间。在我的电子邮件签名档上有一条链接,打开这条链接,他不但可以看到我所有待售房源和社交媒体页面,还可以看到我的新书出版信息。在我打电话给这位买家之前,我希望他已经从我的电子邮件签名档上知道我是《房地产杂志》(*The Real Estate Magazine*)评选出的"纽约第一房产销售员"。我和这位买家尚未谋面,他也没看过那套公寓，但这种方法为我们达成交易奠定了良好的基础。接下来我只需稳步推进。

**成功交易第一步：建立信誉度。**

我用充满活力的语气打电话给买家。

"嗨，您好，我的天哪，今天天气实在太好了，您不觉得吗？"

"呃……是的，的确挺好，我很喜欢这天气。"

我对他说我刚把房源信息公布出来，他就收到了信息，简直令人难以置信。他肯定是自己所在行业的顶尖人物，否则效率不会如此之高。他会比其他人抢先一步，在首次公开看房日之前看到那套公寓。有时候我还会说："我很欣赏你。"

在谈到看房日期的时候，我会提及将在后天给办公室的销售员做三场看房展示，因为他们也急着要带客户来看房。听到这条消息，客户当然想在其他人之前买到房子。

**成功交易第二步：传递积极信息的同时制造紧迫感。**

第二天我们在公寓楼外碰面。在坐电梯上楼的过程中，我向他介绍了一下房地产市场的概况。并趁机说，现在纽约房地产市场非常火热（这可能是实话），我在不到三个星期的时间里就成交了1.38亿美元的房产，这是我的最佳月度业绩。我可能还会添油加醋一番，说最近有很多欧洲人带着现金来纽约购房。然后我会问这位买家："你觉得这背后的原因是什么？"

**成功交易第三步：给客户传递信息的方式是双方良好地互动，而不是一个人在那里长篇大论。**

我打开公寓房门，开始带他参观房子，并谈到房子的主人很注重细节。我说："房子的主人和碧昂斯是好朋友，他正陪着碧昂斯在巴黎举行欧洲巡回演唱会，他是一个很有个性且极富魅力的人。"我并没有制造噱头或弄虚作假,而是用事实说话,我对客户说:"从前的主人对这间房子倾注了很多心血,而且他觉得把一所地处黄金地段的房子卖掉是一件让人非常难过的事。要知道,这里是目前全世界最受欢迎的地区。"然后,我适时提高了房屋的售价。当卖家出售房屋的决心不够坚定时,我甚至会对买家说:"我担心房屋的主人会随时改变主意。"

这时我还会就买家的想法提出一些问题。每个人都喜欢别人征求自己的意见。我要让他觉得我很重视他,更重要的是,我要通过这种方式了解更多信息,为下一步谈判作准备。我通常会问对方现在住在哪里,房子有多大。还会适时寒暄几句。

我的目的只有一个,就是不但要让买家感到放松,而且要让他喜欢上这间房子和它所在的社区,当然还要喜欢我。无论你销售哪种产品,最好都能做到这一点。

**成功交易第四步:在继续制造紧迫感的同时,还要编织一个美好的梦想。**

要成功达成一桩交易,从开始到结束的过程里,我们都要注意一些细节。从你和客户第一次接触时起,销售行为就开始了。以房产销售为例,从我们通过电子邮件接触的第一秒开始,买家就知道,与他打交道的人是房地产行业中的顶尖人物(如果你不是自己所在行业的顶尖人物,你还是可以在电子邮件的签名档中添加一些引人注目的信息。如果确实没有值得夸耀的经历,就引用一些名人名言,让客户了解你的世界观)。在我们为时两分钟的电话沟通中,我让他知道,我很景仰他的业内地位,而且他会早于其他人看到房子。

在乘电梯上楼的30秒里,我告诉他,现在纽约房地产市场形势大好,如果喜欢这套房子就要赶快下手,从而激起他的购买欲望。进

## 第8章 完美推销术
### 凸显你自己和你所卖产品的优势

入公寓后，我立刻给他指出房屋的细节和房屋主人的独特品位，然后便开始提问题，一方面让买家逐渐放松，一方面收集更多信息。10分钟后我暗示他，由于房屋主人太喜欢这间房子，很有可能在最后时刻改变心意。人人都喜欢的东西总是最受欢迎的。于是他开始和我商谈价格。自始至终，我们都没有谈到要看其他公寓。

现在把话题转回到我们的初次约会上。我简直太兴奋了。我要穿什么样的衣服？要带上鲜花吗？我们要喝香槟、吃菲力牛排吗？我们会在今晚有所进展吗？我要告诉你什么秘密？

我已经想好晚上该怎么做了，但不打算强迫自己做任何事情。我对自己很有信心，但更相信上天在冥冥之中自有安排。今晚将会发生一些美妙的事情。现在，是时候把这本书的理论付诸实践了。

在我们初次约会的时候，我会表现得非常愉快，与你保持眼神交流并微笑，认真倾听你的话语。刚一见面，你就问："你想告诉我什么事情？"

我先是低下头，然后抬起头，用一种可爱的方式说："我想说的是，你真是太美了。仅此而已。你太有魅力了，你的一切都如此美丽。"

很多人在初次约会、面试和做演示的时候，用的是教科书里那种乏味、无聊的方式作为开场白。如果别人请你介绍一下你自己。千万别从你的出生地开始说起。即使对方是熟人，这也是一个陷阱。对方其实并不想知道你的个人经历，至少现在不想知道。在任何一段人际关系或个人展示的初期阶段，即使你12岁时得过国际象棋赛冠军，对对方而言也没有太大意义。

在和任何人见面的前10分钟里，我从不说消极的话。如果我和你初次约会，我不会夸夸其谈，也不会说一些套话，更不会提及婚姻和家庭的事情，因为这种做法会立刻在你我之间树起一道藩篱。相反我可能会告诉你，我的团队中某个人在上周赚到了百万佣金，我为他们做了我最擅长的瑞典肉丸。这种说辞会立刻产生多重效果：它不但表明我适合做伴侣，而且还是一位好老板。它还让你知道我很会赚钱，因为我的下属就很会赚钱。最奇妙之处在于，这是你自己得出的结论，我从来没有自夸过，只不过夸奖一下我的同事而已。

## 弗雷德里克推销大讲堂

无论挨家挨户地推销吸尘器，还是为了升职而向上司推销自己，或者向别人推销公寓，你都需要一套完美的推销技巧。

还记得你第一次参加求职面试的情形吗？那就是一次典型的推销过程。我对自己的第1次面试经历记得很清楚。那时候我17岁，正在争取所罗门兄弟投资银行伦敦分公司的一个暑期实习机会。那天早晨我穿上自己那套H&M西装（我就只有这么一套西装），在口袋里藏了一张餐巾纸用来擦汗。在走进阴暗如山洞的交易大厅时，我紧张得能听到自己的心跳。现在回想起来，我意识到自己当时犯了大多数人常犯的错误——我不该单刀赴会。最好的做法是在朋友的陪伴下参加面试。

你是否曾和别人约会或尝试推销某些东西时，因为过于紧张而失败了？回想起这些时，你是否会诧异自己如此无趣？但在和好友相处时，你从不会感到无趣，而是很放松自在。这正是问题的关键，你要把自己调整到和好朋友相处时的心态。只要进行推销方面的演讲，我都会带上好朋友兼合作伙伴约翰，这也是我的成功秘诀之一。稍后我会和你深入探讨这一点。如果由于某些原因，你不能带着好友进会议室，就让他在会议室外面等你。

## 第 8 章 | 完美推销术
凸显你自己和你所卖产品的优势

如果朋友只能送你去面试,不能一直陪着你,那就在路上和他聊聊天。一定要边聊边笑,假装他在逗你开心,而且要让他说"你真了不起"之类的话。这听起来很疯狂吗?我认为一点儿也不。当你带着愉快的心情去推销时,就能达成交易。这正是我和约翰很少在推销过程中受挫的原因。就算我们受挫,也会一起面对失败,迅速摆脱失败的阴影,继续前行。

此外,如果你知道自己的朋友站在身边,就不会被恐惧压垮。面试或推销时,你知道最坏的结果就是失败,但就算真的失败了,你还可以靠在朋友的肩膀上大哭一场,然后两人一起吃几颗瑞典小鱼软糖,世界又是这么美好了。

我现在认识到,大多数人在参加重要会议前都会做一件事——孤立自己。他们把整个世界都关在门外,在脑海中重复地思考着同一件事情。这和我录制第一季《百万金豪宅》时的情形非常相似。每天录制节目之前,我无比兴奋。结果到了正式拍摄的时候,我在镜头面前表现得像僵尸一样。如今我已学会在录制节目或推销产品前和别人一起做些轻松的事情,这会让我思维更加流畅,并帮助我与下一步要做的事情进行无缝衔接。

没有谁想平庸度过一生,你要记住自己的与众不同之处,然后把它展示出来。因为无论是面试官、购房者或你的上司,他们在与你见面之前,整天都在听别人的故事,而你如果展示出独特之处,对方就会对你刮目相看。为了让他们开心,我可以倒退着走进会议室,而且露出脚上那双艳俗的袜子。在我看来,如果能让自己和别人开心,我就会魅力四射、与众不同。现在,让我们来分析下,在那 10 分钟里我们可以做些什么:

**1. 与对方强有力地握手并露出笑容,而且要进行眼神接触。**客户把柳枝从你身上移开那刻，惊奇且不舍情地看着他，以此来震撼才动极。人们会根据你的握手方式来评价你，所以你要让对方从握手这个动作中知道你是一个自信和友善的人。握手一定要有力，但不能过分用力。最好能持续2～5秒钟，而且脸上要带着温暖的笑容，这会让你看起来很性感。我很讨厌冷冰冰或湿漉漉的手，那种感觉就像捏着一块冰冷的生鸡肉。

和你信得过的某个人练习握手，并从对方那里获取有效的反馈。我经常让我的团队成员相互练习握手。大多数健美运动员都讲究身心合一。健美运动员在锻炼肱二头肌时，会把注意力集中在肌肉上，让精神与肌肉合为一体。下次当你和别人握手时，首先让你的手变得温暖些，将你内心完美的推销话语通过手部神经传入客户的身体，与对方融为一体。你可以尝试一下，效果是惊人的。

2. **展现正能量**。在与客户见面前，你要想象这次会面已经结束，而且交易已经达成。保持谦逊的同时，你还要充满自信。见面时，你要告诉对方他的名字很特别，因为对一个人来说，没有什么比听到别人称赞自己的名字更愉快的事了。**一定要在见面和告别时称呼对方的姓名。作为一种习惯，你要经常把客户的名字挂在嘴边，他们很喜欢这样**。况且，如果你是第一次与某个人见面，这样有助于你记住对方的名字。

我憧憬成功，而且会保持快乐的心态。我喜欢夸奖自己和打扮，喜欢照镜子。我为自己能够直面挑战感到骄傲，而且我会继续迎接未来的挑战。你一定要坚信自己能够成功，乐观的心态至关重要。

我是怎样给别人留下好感的？方法就是在和某人的交谈中迅速发现对方的优点，然后发自肺腑地赞美对方。如果对方是女生，有着一双美丽的眼睛，我就会对她说："你有一双迷人的眼睛。"如果对方是男士，衣着时髦，我会对他说："你这身衣服真漂亮。"如果一对夫妻的孩子非常可爱，我会对他们说："这孩子真是太可爱了。"这不但让我心情愉快，也会让对方很高兴。

在别人家里做客的时候，我会注意观察他们的私人物品，并且给予适当的评价。假如我看到这家人去罗马旅游的照片，而且我也去过罗马，那我们就有共同话题了，这也许是一种非常有益的情感纽带。如果你正在上司的办公室和她聊天，看到桌上放着她孩子的照片，那么你可以和她聊一下她的孩子，这也是一种维系感情的方式。我从来没见过不喜欢谈论自己孩子的母亲。人与人之间的任何连接点，尤其是初次接触时，都是你赢得对方好感的机会。

在推销产品的时候，你要让对方知道你和他站在同一条战线上。我经常对我的客户和那些保守的开发商说："我们现在是一家人了。"

**3. 主导对话过程。** 无论与谁谈论什么事情，你都有权选择话题。别人也许会问你一些问题，但你可以引导对方谈论你想讨论的话题。政治家就很擅长做这种事情。

在与别人互动的过程中，你不但要知道自己想得到什么，还要知道你不想得到或泄露什么。否则你就容易失去方向。在日常的交流中，人们常会不经意间透露真实的目标和意图。

在我的图书代理商托德将本书英文版的出版提案发给出版商们之后，有十家出版商想购买本书的版权。我逐一拜访了他们。前两家出版商不约而同地问了我一个问题："你为什么想要出书？"我已经厌倦于这样的问题了，于是在拜访第三家出版商的时候，还没等他们开口问我，就大声说道："我要让这本书成为全球第一畅销书。"从进门那刻起，我就掌握了话语的主动权，向对方主动推销这本书。结果他们竞相抢购版权。

4. 借竞争对手之口夸奖自己。少许的自夸不会伤害到任何人，况且在推销产品时，本来就要夸人一些，但一定要用正确的方法。自夸是一种天赋，它能让你形成一种习惯，而且让人们想听到你自夸。自夸时你要以一种谦逊的方式让自己和竞争对手产生联系。你要了解竞争对手的优点和缺点，并利用其为你服务。

我经常主动告诉客户，他们应该再接触6～7位顶尖的房地产销售员，以获取更多信息。我会告诉他们："我是最棒的，你见到的房地产销售员越多，对我越有利。曼哈顿有3万名房地产销售员，不过你肯定能遇到更多。"他们不知道我是否在开玩笑，因为我的话和其他房产销售员截然相反。

大多数人都会说："我们要看看还有没有其他选择。"因此在他们对我说这句话之前，我就抢先说出来。购买汽车或电视的消费者会说："我们要试驾一下其他车型"或者"我们想看看那家的高清电视好不好"。所以关键在于，你要主动向客户提及竞争对手，而不是等他们开口。你要率先掌控局面并展示自信，然后抓住时机开始自夸，这是最佳的方式。它能让你在别人不易察觉的情况下达到目的，而且有助于人们信任你，并将大幅降低客户投向竞争对手的可能性。

5. 不要说别人坏话。如果你说别人坏话，人们就不想再和你共事了。这是一种低劣的做法，而且也会让你变成一个消极的人。与别人闹别扭、说别人的坏话这些行为无益于我们树立良好的形象，会让我们自食恶果。你所说的话会反映出你是哪种人，如果你常说消极的话，最终会被这些话击垮。在消极的人眼里，你能看到这种消极情绪。就像一位性情暴躁的老人坐在长椅上，嘴里咕哝着自己输给了世界。把一个苹果切成两半，每隔一小时对其中的一半说"我爱你"，而对另一半说"你是一坨垃圾"，后者会腐烂得更快。我不会说我的竞争对手令人讨厌，也不会说他们对市场一无所知。相反我会说某某是一家非常不错的公司，它有着优秀的平台。"如果我当初没有选择纽约市最大的道格拉斯-艾丽曼房地产公司，可能就会为他们工作。"

如果竞争对手与我竞争客户，那么我在和客户谈到竞争对手时就会说："我很欣赏她，我们是朋友，她是最优秀的销售人员之一。"然后我会迅速补充道："昨天吃晚饭的时候，我们与同事谈到她的业绩多么出色。她在上城区有一些很好的房源。"我虽然在表扬竞争对手，但也传达了明确的信息：你的公寓在下城区，去年我在下城区的销售额达到4亿美元。"——如果你诋毁某人，会让你的恭维变得很虚伪。

虽然你在夸奖竞争对手，但你仍然能够掌控局面，而且还能不动声色地对他们予以打击。比如你可以对买车的客户说："某某公司生产的车很不错，据我了解，他们正在努力提高碰撞试验性能。"但批评他人一定要确保有理有据，千万不要被别人指出你在散播谣言。

销售本来就是一场艰苦的比赛，但你可以凭借顽强的意志和专业的销售技巧取胜，而且最重要的是你要稳赢不输。竞争对手的恶意中伤不是坏事，如果他们不再说你坏话，你才更应该担心，因为这意味着你做错了事，导致他们认为你不再是威胁。

**6. 用积极心态占据主动权**。无论你销售的是产品还是服务，都会有优缺点。在商业领域有这样一条经验法则：80%的销售额来自20%的客户，即"80/20法则"。我也有自己的"80/20法则"：推销过程中，我会用80%的时间指出产品或服务的优点，20%的时间指出它的缺点。这种做法可以强化优点，回答客户想问却没问的问题，从而赢得他们的信任。优点和缺点是相互依存的，如果你喋喋不休地说你的产品、服务或你自己有多好，客户会认为你在掩盖某些真相，并很快对你感到厌烦。

当你介绍完产品或服务的优点之后，肯定不希望客户这样问："那么它的缺点是什么呢？"这意味着他们一直在思考产品或服务的缺点，并没有认真听你介绍产品或服务的优点。在他们问这种问题之前，我会说"这套公寓唯一的缺点是需要换橱柜，但这是一件很有趣的事情，也不用花很多钱"或者"我喜欢自己的工作，它的回报丰厚，但要做的实在太多了。有时候我觉得无法超越自己的纪录，因为我总是在力争第一，这让我感到厌倦。可当我遇到您这样的客户，看到一套这样的公寓时，我的斗志又燃烧了起来"。

我要做的就是帮助客户全盘了解我的产品或服务，不仅要了解它的优点，也要了解它的某些缺点，从而培养起他们对我的信任。

"叮——"定时器响了。10分钟过去了，而你成功了。在你的推销话术中，你已经阐明了重点，你的客户、投资者、上司、约会对象，甚至宠物的眼睛中都散发着光芒，你已经吸引了他们的注意力。此刻你的推销活动已经完成，在达成交易的路上，你又迈出了坚实的一步。你和客户正在形成稳定的关系，但交易还没达成。所以在下一阶段，我们要开始讨论如何谈判。

**在与重要人物见面之前，别忘了检查你的裤链和牙齿**。如果你在推销产品的时候被对方发现你的裤链没拉紧，而且大笑时被别人看到牙齿残留着花椰菜，那简直比交易失败还惨。

# 第 9 章

## 优势谈判成交术

### 协调各方需求，让人买单

以前在幼儿园里，男女生会玩这样的游戏：三个体重较大的男生坐在跷跷板的一端，而女生则会挨个坐在另一端，直到两边达到平衡。这时其中一个男孩从跷跷板上跳下来，女生那端就会摔到地上，整个操场上的人都会大笑起来。我没有笑，而是在旁边思考着这一幕。通过细心观察，我领悟到一个让我终身受益的道理：谈判，就是要实现微妙的平衡。

要达成任何交易，尤其是商业交易，双方就要实现平衡。只有通过谈判，在两者间达成最终协议，交易才算达成。如果你从天平的一端拿掉一个砝码，交易很可能流产。

谈判无处不在。工作中，我们和同事谈判；在家里，我们和父母、伴侣或孩子谈判；在宜家，我们要为何时交付家具与店员谈判。我甚至还和"小弗里茨"谈判，比如我会对它说："过来，乖孩子……快点……看，骨头。"我经常说，人生就是一场旷日持久的谈判，我们遇到的每个人都是谈判的参与者。想从生活中得到你想要的东西，只能通过谈判，因此你要善于谈判。

谈判形式也或许是内部和解、寻求平衡点、跨越成功的障碍。无论如何是交易，其最终目的都是达成让自己满意的交易。所以，我们一定要擅长，不，应该是精通谈判。

从小时候销售圣诞日历给老奶奶，到如今成交数十亿美元的交易，我学会了很多谈判技巧。现在我要与你分享我学到的一切。无论你是一名想让孩子吃豆腐的母亲，或是一位与不和善的董事会协商薪资的CEO，都要掌握"公平交换原则"。

既然谈判如此重要，为什么善于谈判的人这么少？我们需要加强这方面的训练，掌握更多谈判技巧。以下是我的所有谈判秘诀：

## 倾听的艺术

小时候有一次过生日，我想让爷爷带我去瑞典最大的游乐园里瑟本游乐园玩。在出去游玩之前，爷爷想让我先到他住的公寓去。我知道他其实想让我坐在他身边，听他讲当初做演员时与传奇导演英格玛·伯格曼（Ingmar Bergman）合作的往事。对他来说，这就是给我的生日礼物。每个人都有倾诉的欲望，他们渴望被聆听。

如果你想在某个领域有所成就，首先要具备的技能就是倾听。无论是协商薪资还是购买汽车，或者解决同事纠纷，只有用心倾听，你才能达到目的。

谈判通常是感性的。花些时间去体会对方的感受，就能够实现更好的平衡。

专家们介绍过许多谈判技巧，例如：复述、反思、使用开放式问句、鼓励行为等。"复述"是指重复对方的话；"反思"是指重复对方刚说的话的末尾几个字；"使用开放式问句"能让你对某个问题有深入的理解;"鼓励行为"既可以是点头表示同意,也可以说些诸如"我明白了""好的"等话语。

我对倾听的看法就是:多听少说。发挥沉默的作用,从而建立和谐的关系,这是双方达成一致的基础。而且你没有发现圣诞老人是一位多么出色的倾听者吗?

## 不要让表情和肢体语言出卖你

我刚开始接受电视采访时非常紧张,我认为自己的话语很睿智,但总觉得哪里出了问题而导致表现不佳。幸亏我的一位朋友提醒我去看一下采访录像。我发现我经常有抽搐和舔嘴唇的动作,让人非常尴尬,我决定要克服这种紧张感。当我做出那些奇怪的动作,就没人会仔细听我说什么。从那时起我意识到:**你说话的方式比你说话的内容更重要。**

当你和某人谈判时,要知道你是同时在用语言和肢体表达想法。所以要保持二者的和谐统一。如果你想让对方按你的想法行动,就要敞开心扉去说服对方,并保持微笑靠近对方。如果你对谈判条件不满意,就双手抱胸,远离对方。

有时候我们没有说出真实的想法,但肢体语言和表情却已经出卖了我们。如果你脸上露出微笑,并与对方进行眼神接触,那就说明你掌控了局面;当你开始低头、身体颤抖、眼睛斜视别处,说明你已经失去控制权。你可以通过这样的举动让对方知道他的报价太低,但绝大多数人都是无意识地做出这样的动作。你要张开双臂,摊开掌心,双膝放松。一旦你握紧拳头、双臂抱胸或者咬指甲(千万不要这么做),对方就知道他已经让你厌烦了。

你还要注意自己的脚，千万不要抖脚。如果你站着谈判，就要保持身体平衡。西装或外套敞开，身体朝对方微倾。如果是坐在椅子上，身体不要往后靠，也不要东张西望（重申一遍，如果你大喜过望，却想向对方发出相反的信号，那么你可以这样做）。谈判就像是玩扑克牌，你不想让对方对你了如指掌，更不想让他掌握你的下一步动作。所以要控制好自己，千万不要让表情和肢体语言出卖你。

我喜欢来往于谈判双方之间，有目的地制造混乱，但这种方法需要勤加练习。我会说一些具有攻击性的话，例如"这个报价简直烂透了"。但脸上却做出可爱的表情，这样我的话就更易被接受，就像是给负面信息披上可爱的外衣，它相当于告诉对方："尽管我很不高兴，但还是愿意和你谈下去。"

你要留意对方的"泄密"行为，也就是他不经意间透露的想法。谈判过程中，我喜欢观察对方的肢体语言，并从中得到很多信息。比如我的谈判对手想表现得很强硬，并且要掌握控制权，他拒绝降低报价。但我能看出来，他的肌肉紧绷，而且听到他用脚尖点地的声音。如果对目前的处境感到满意，而且不打算接受我的报价，那他会相当放松；但如果没有退路了，他可能会表现出很难过的样子，因为他逐渐接受了这笔交易可能会流产的事实。

我经常同时用语言和肢体传递截然相反的信息。最近为了出售一套联排别墅，我和买方展开了长达3个月的谈判。后来买方的房地产代理人给我开出了一个低得让我感觉到被侮辱的价格，我非常愤怒，但仍带着愉快的表情对她说了"谢谢"。同时我的身体不断远离她，她从我的语言和肢体动作的反差中了解到这个报价毫无意义，我也因此占据了优势。同理，如果买方的报价很高，我内心欣喜若狂，但表面上会保持镇定，然后表现出犹豫不决的样子，因为这样可以让买方觉得他的报价偏低。

我一直都对我的团队说，谈判就是一场黑白颠倒的游戏。任何事情的表象都可能与它的本来面目截然相反，这正是有趣的地方。你要做好虚张声势的准备，而且这样做具有一定的风险，但风险越大，收益越大。

如果对方知道你在试探他，就会有所准备。这时你要让他在其他方面放松警惕。我自创了一种"情绪—戏剧性曲线图"，谈判之前，我会待在一个环境舒适的地方，保持友善的态度，面带微笑，甚至欢快地笑出声来。

谈判刚开始时，我的全身充满活力。第一印象很重要，我要树立自信并掌握控制权。我会敞开胸怀接纳对方，甚至给对方一个拥抱。我要让对方感到轻松自在，并且让他们产生"这家伙很和善，我可以掌控他，这次谈判简直易如反掌"的印象。

但稍后他们会大吃一惊。我会在顷刻间变脸："这样的价格没戏。"对方会想："这家伙简直是个疯子。五分钟前还一脸和气，翻脸比翻书还快。"这样做的关键在于，我在对方毫无准备的情况下否决了提议，他们会卸下戒备，只想着制止这场冲突。

我假装很生气，让对方担心交易会"流产"，然后再让他们重新燃起希望，虽然希望很小，就像黑暗的屋子里打开一道门缝，让一缕微弱的光线照射进来。我停顿片刻，意味深长地盯着对方许久，然后说："让我想想。"这句话让对方产生了足够的希望，并调动了他们的积极性，直至交易完成。

这种方法听起来是不是很疯狂？这就是我想要的效果。它让我牢牢控制住对方的情绪，使其处于被动地位。而且还说明了一个道理：人都是受情绪驱使的，而情绪的变动则受到外在环境或他人影响。

## 高开谈判点

如果谈判进入了僵持阶段或遇到了困难，我会低头看一下手机，然后大叫："天哪！妈妈刚给我发了封邮件，请稍等。"在接下来的25秒里，我会假装在看邮件。谈判对手会因此放下戒备，而且迷惑不解。不经意间，我让他的注意力不再集中在交易上面。接着我抬头看着他说："很抱歉，她要来纽约玩，我需要5分钟时间，请稍等片刻，我一会儿就回来。"对方无言以对，于是我站起身，走出会议室（如果是电话谈判，我会直接挂断电话）。

5分钟后我回到会议室，和对方谈论我的妈妈以及她即将来纽约的事情，同时也询问对方妈妈的情况。在几分钟内，我让他忘掉了这笔交易，把他带到一个与房地产毫无关系的话题上，而且是双方都感兴趣的话题。然后在毫无征兆的情况下，我又把话题带回谈判："好了，让我们继续谈这笔交易吧。少于200万美元，这套房就不卖。"

为什么要这样做呢？我先是暂停了谈判，让双方的注意力远离这笔交易。让对方感到，这笔交易算不了什么，而我们彼此妈妈的近况才是现在更需要关心的。通过这种方法，我缓解了剑拔弩张的气氛。如果谈判没有按照你预期的方向发展，或者局面变得过于紧张，又或者你无法说服对方接受你的观点，就可以试一下这种方法。通过突然谈论你和对方的家人，或者谈论你的人生经历，你可以从一个全新的角度切入交易，获得谈判的主导权。

有时候，我想让谈判进入一种我称之为"空档滑行"的状态。我不会对谈判对手的意见感到难过或不快。相反，我会表现得完全中立，就像是电影《普罗米修斯》里的那个机器人。机器人不会感受或表现出人类的情感，这让它们成为出色的谈判专家。这是一种很有效的策略，因为它能迫使对方进一步暴露自己的情感。

当我要把谈判变成"空挡滑行"的时候，最常用的技巧就是拉长声调，然后眼神放空。在《百万金豪宅》里，你经常可以看到我使用这一招，这让大家觉得很有趣，而且这种方法很有效。对方可能会说："我知道你在虚张声势，你的客户其实很想要这套公寓，他们付得起更高的价格。"我想象着自己是个机器人，并且用机器人那毫无感情的声音冷静地说"唔……"，但眼睛还是盯着对方。

对方无法解读我这句话的含义。我是赞同还是反对？或者我完全不知道自己想要什么？我究竟有没有在听他说话？对方在困惑的同时，还感到非常气愤。

对方会说："唔什么？为什么你只会唔？"

我仍然想象自己是来自太空的机器人，装作无动于衷的样子说："唔……"现在对方肯定烦躁不安，这时他们就很容易失控。

## 红脸/黑脸策略

大多数谈判都可以采用红脸／黑脸策略，我就经常使用这种策略。在对付"小老鼠"和"小弗里茨"的时候，我通常扮"红脸"，而德雷克通常扮"黑脸"。我和德雷克都是为了改掉它们在房间里大便的习惯，只不过采取了不同的手段而已。当它们在屋外大便时，我会表扬他们；而当它们在屋里大便时，德雷克就会呵斥它们。

如果你要把这一招用在谈判对手身上，就要找一个与你熟识并能配合你的搭档。我的谈判搭档是约翰，我们经常互相配合来赢得谈判。"红脸"和"黑脸"相互依存，在谈判中两者必须紧密配合。

两种不同的人从不同的角度对某件事情得出同样的结论，那么这个结论就更具说服力。要说服某个人购买一套公寓，可以由"红脸"和"黑脸"用两种完全不同的方式来表达同样的信息——买下它。

"红脸"的说法是："这是一套漂亮的公寓，如果你不买，我敢保证很快就有另外的买家出手。"

"黑脸"的说法是："你要马上下手，否则这房子就不可能是你的了。我很难想象未来几年，市场上还会有一套这么漂亮的房子。"

两种不同的人用截然不同的语气和方式去讲同一件事，一个表现得随和、平易近人，另一个表现得强势、咄咄逼人，客户必然是更喜欢两个人中的一个，他们很可能喜欢那个平易近人的人，这才是重点。"黑脸"存在的意义就是强化"红脸"所传达的信息。无论如何，客户总会听取某个人的意见，买下房子。

在紧张的氛围中，有时候既要扮"红脸"倾听客户，也要通过扮"黑脸"推动客户做决定。当客户兼听"红脸"和"黑脸"的建议时，他们会做出更好的选择。此外，不是所有人都想要与你沟通甚至喜欢你，我们能和一些人产生共鸣，却与另外一些人无法沟通，人的天性就是如此。因此如果你有一位谈判搭档，能在谈判遇到阻碍时帮到你，或直接主导谈判，那自然是最好的。

## 树立一个虚拟权威

我曾为一名韩国房地产开发商工作。每当我们提出一个问题，他总是说："我要征求一下金先生的意见。他口中的金先生在韩国，与美国时差为14个小时。"我和他共事了很长时间后才知道，金先生根本不存在。这位开发商在身后树立了一个虚拟的权威人物，然后让这位权威人物来为他做决策，他真是个天才！

无论你是自主创业还是为企业工作，都可以创造一个虚拟权威，让它为你排忧解难，我们小时候常说："我要问问我妈妈。"同理，每当有人要我降低佣金时，我总说："我得问问经理。"这让我有了一个脱身的借口，我当然可以降低佣金，可我觉得这些佣金是我应得的，一分都不能少。24小时后，我会打电话给客户说："经理不同意降低佣金，我也没办法。"

## 下定决心

我低头看看自己的双脚，然后抬头看着健身教练。他说："再做10个俯卧撑。"我说："我没力气了。"他说："好吧，那就再做5个。"我说："我跟你说过，没力气了。"我筋疲力尽，躺倒在地上。这次谈判结束，因为我的身体已经到极限了。

现在请低头看着你的双脚。千里之行，始于足下。有了这双脚，你可以在任何谈判中转身离开。而且你要知道这样做是很有必要的。在开展任何与时间、金钱、才华或自尊相关的严肃话题之前，一定要知道你的底线。底线就是你达成最基础交易的条件。假如交易条件跌破底线，就要转身离开。

在房地产行业的谈判中，卖方的底线通常是在一笔交易中亏损；在薪资谈判中，底线通常是薪水保持原有水平；在个人关系的谈判中，底线通常是不再联系。

我们不仅要考虑一个理想的数字或一个具体场景，还要考虑其他因素。每一笔交易都有着细微的差别。许多房地产交易中，我看到买方在答应卖方的报价后，还要求对方赠送屋里的古典吊灯或波斯地毯。假如你正在出售某些物品，还要把其他因素考虑在内。例如，当

# THE SELL
## THE SECRETS OF SELLING ANYTHING TO ANYONE

我把本书版权卖给出版商的时候，我不但要考虑预付款的比例，还要考虑出版社的市场影响力以及与我对接的编辑和宣传人员。

无论你的底线是什么，当接近底线时，你的大脑中就会产生报警信号。听到这种声音时，你可以假装要离开谈判桌。有人说，这是一种虚张声势的做法，或是一种赌博，而我却称之为"在悬崖边跳舞"，是一件很刺激的事。

离开谈判桌的目的是让谈判暂时中断。我是这样做的：先站起来，感谢参与谈判的所有人，拿起我的文件和手机，穿上西装外套，然后慢慢地离开谈判桌。我希望他们能把我叫回来，或者提出另一种想法。如果他们这样做，我的"悬崖之舞"就得到了回报；如果他们不这样做，我就会走出房间，然后考虑用另一种策略，以免谈判结果真的触及我的底线。如果你想知道这种方法是否有用，等下次买车时，你就报出一个难以想象的低价，然后转身离开。我敢保证，对方会打电话报给你更低的价格，不过可能要等到月底才能接到这通电话。

## 拖延战术

与德雷克相遇后，我从米克诺斯岛回到了纽约，他也回到了伦敦。我很想知道他的音讯，而且很想告诉他我对他的思念之情。我知道要尽快让期待变成现实，可又不想让自己显得太迫切，所以我静候了一段时间。毕竟我们住在大西洋两端，而且刚认识不久。可是两天后我再也按捺不住了，给德雷克发了条短信说："我想你了。"没想到他马上回复了我，他在短信里说："下周五，纽约见。"

如果有人想从你这里得到某种东西，那么你要善于运用拖延战术。时间一分一秒过去，你要在紧张的谈判中找到喘息的时间，但要注意，不要浪费太多时间，否则会让对方产生挫折感，进而演变成愤怒。你要留出足够的时间，让对方揣摩你的想法，有些专业人士把这种方法发挥得淋漓尽致。

在推销结束、谈判还未开始的这段时间里，拖延战术尤为重要。这两个阶段通常是无缝衔接的，但你可以用时间把两者隔开，从中发掘优势。例如，在向客户介绍房源时，我从来不会当场给他们报价。他们会主动询问价格，而我先是微微一笑，停顿片刻，然后说："我过几个小时再把报价单发给你们。"

如果你想要说服别人接受某种东西，不要马上把他想要的东西给他，而要欲擒故纵。表面上拒绝他，从而让他产生挫折感，实际上让他逐渐接近你，按照你的想法去做。越难得到的东西，人们就越想得到。爱玛仕最贵的包总是脱销，苹果公司在产品上市前几周大肆宣传，但上市几小时内便宣告产品售罄。你要让人们在没有得到某样东西之前激发他们得到的欲望。

在艺术品交易中，这是一种极其常见的谈判策略。请想象这样一种场景：一位女士在画廊里四处闲逛，然后在一幅画作前停下脚步。画廊的主人看到了这一幕，但假装没看见。终于，她引起了画廊主人的注意，他给她报了其他三幅画的价格，而这三幅画是她之前看过的。这正是画廊主人的"欲擒故纵式"推销法。她礼貌地回绝了他的推荐，然后用手指着她感兴趣的那幅画。"噢，那幅画呀？"画廊主人面露难色地说，"真不好意思，它是非卖品。"听到这里，这位女士更想买这幅画了，而且会不惜一切代价把它买下来。

你去买过珠宝吗？是否看到了玻璃柜台下面的那个小玩意儿？你很想触摸它，对吧？你用手指向珠宝盒，对销售人员说想看一下那件珠宝。销售人员说他也很喜欢这款饰物，然后把它拿起来，轻轻抚摸，并擦得锃亮。在把这款饰物递给你之前,他会不断夸它如何如何好。时间就这么被拖延着,而且每一秒钟都在发挥作用。此刻,你几乎想把首饰抢过来,但你只能等着,内心想得到它的欲望变得无比强烈。

记住我的话:**拖延战术非常重要。掌握信息就掌握了主动权,而等待者只能在渴望中备受煎熬**。等待既能激发人们的欲望,又不会把他们逼入"绝境"。这样一来,拖延战术便强化了你的谈判地位。

在达成交易之前,你要让潜在买方产生10%的挫折感,他通常只关心三个问题:价格、质量和交期。我不会马上回答这些问题,而是在推销完产品的几小时后给潜在客户发送报价单。这样能达到三个目的:

◆ 激发他们的购买欲,让他们的需求更迫切;

◆ 报价是书面形式的,这会让它更加具体和真实,不留任何探讨余地,因为书面形式报价就相当于告诉对方:"价格就在这里,买不买随你。";

◆ 由于书面报价会花费很长时间,所以给对方留下的印象是:在报价之前,你肯定已经深思熟虑并做过大量调研了(事实的确如此)。

## 面对面谈判

我一直喜欢和别人面对面谈论事情。在斯德哥尔摩经济学院就读的第一个月里,我准备写一篇与电子邮件使用相关的论文。当时有许多研究指出,大部分电子邮件的信息会被人们误解。那时表情符号还没有诞生,电子邮件仍处于萌芽阶段。一天晚上,我突然产生一种想法，觉得自己应该停止写这篇论文，因为我可以当面告诉大家我想传递的信息。第二天我问老师，是否能不写论文，而在全班同学面前做一次关于电子邮件使用的演讲。这样不但节约时间，还能给教授留下更深刻的印象，更重要的是，别人不会误解我传递的信息。我成功了，而且得到 A+ 的成绩。

如果一笔交易或人生不如你想象得那么好，最好的办法就是与相关的人面对面沟通来解决问题。有时不一定有面对面的条件，但要尽量争取。如果我一直用电子邮件与某人沟通，而且我的报价不被对方接受，成交遥遥无期，我会马上要求和对方见面。我会只在邮件的标题栏写上"请给我打电话"，随后当对方打电话给我时，我会对他说："我们需要见一面。你在哪？我 10 分钟内赶到。"

当下社会，人们整天与手机为伍，导致"面对面解决问题"很难实现，但你还是要尽量做到。因为一名谈判高手会在必要时运用他的情感、肢体语言与幽默感和其他优势来影响对手。而你在电子邮件中不可能使用这些技巧。我们与别人 70% 的沟通都不是来自语言，而是由肢体表达的情绪和感觉，再多的表情符号都不能取代它们。

面对面沟通时，你很难对一个人说"不"，但是在电子邮件中打个"不"字，或者不接别人的电话，则是一件很容易的事情。

如果打电话是你唯一的选择，那就要做好计划。打电话之前，要知道自己达到什么目的，讲电话时要言简意赅。善于通过电话进行谈判的人通常话语不多，但每句话都很重要，而且要吐字清晰，简练有力，避免口语化。我讨厌人们在对话中重复说"呃""你知道的"这种话语。在谈判中，口语化会让你处于非常尴尬的境地，让你看起来特别傻或没有安全感。如果对方向你提出某个问题，你在回答之前可以稍微停顿，然后坚定地表达自己的观点，千万不要犹豫不决。

此外你要尽可能用座机打电话。在一场严肃的对话或谈判中，没有什么比手机信号中断更糟糕的事情了，除非你想挂掉某人的电话，然后解释说信号不好。千万不要在刮大风时站在建筑工地旁打电话，因为你很难听清楚对方在讲什么，所以总是要对方重复自己的话，这很容易激怒对方。

许多与销售相关的研究显示，在无法达成交易的人中，有50%的人没有做一件事——开口索要自己想得到的东西。因此，请允许我提醒你，恋人们如果想要结婚，一方必须向另一方求婚，而另一方需要说"我愿意"。

当你有勇气要求对方购买产品时，就是你达成交易的时候。

我们每天都能完成交易。成功无论大小，都需要付出努力、耐心和勤奋。每次的销售行为都会带来一次庆祝的机会，并让我们认识到人生的伟大和我们所扮演的角色有多么特殊。

我做成过很多笔交易，但没有哪笔交易比我的婚礼更值得怀念，那是一场无与伦比的"销售"。

婚礼上的情景仍历历在目：我们交换戒指时，夕阳犹如一个漂亮的气球落入蔚蓝的大海。我们的家人、朋友都穿着白色礼服坐在沙滩上，每个人心中都洋溢着幸福，就连"小老鼠"和"小弗里茨"都在欢快地叫着。

举办婚礼是场巨大的胜利。我不但结束了多年的单身生活，也告别了长久以来的孤独、悲伤和痛苦。我曾担心自己找不到灵魂伴侣，每天都是独自睡去和醒来。而现在一切的忧虑都烟消云散。

过去的那些年，我们经历了太多困难：异地恋、数百封电子情书、争取合法结婚的权利等。当太阳沉入海平面的时候，我开始意识到，这些都在成为过去。正如任何一笔伟大的交易一样，历尽艰辛之后，换来的总是甜蜜。这场婚礼是我人生中最快乐、最伟大的选择。

仪式结束后,我和德雷克卷起裤脚,站在大海中,看着夕阳落入大海,天空泛起红色、橙色和蓝色;接着,烟花在天空绽放,我们庆祝彼此完成了人生中最大的一笔"交易"。

德雷克脸上洋溢着幸福,我却忍不住哭泣,虽然现场有录像,但那一刻在我心中已经成为永恒。

# 让谁都买单，是一种生活方式

## 第三部分

THE SECRETS OF SELLING ANYTHING TO ANYONE

销售是一种生活态度,作为高踢腿学员,你将取得巨大的成就,因为你在销售行业会不断进步。当我们开始取得成就的时候,不能安于现状、停滞不前,而是要乘胜追击,在已有成就的基础上创造更大的成功。

本书的第三部分将指导你如何创建团队,如何寻找合作伙伴,如何建立自己的商业帝国,如何在媒体上宣传你自己等。最重要的是,我们要讨论如何享受生活。

接下来,我们要一起掌握以下技能:

◆ 结交朋友并不断地影响他人,让他们想要与你合作;
◆ 堵住媒体的嘴;
◆ 知道在扩大交际圈的时候要做些什么;
◆ 不惧挫折;
◆ 吃饭、祈祷、数钱。

然后,我要送给你一个幸运符,让你不断前行。

# 第 *10* 章
## 结交合作伙伴并影响潜在合作者
### 寻找、聘用并管理优秀人才

在进入房地产行业一段时间后,同行和一些新闻行业的人士开始注意到我的成就。媒体说,在房地产行业从未见过像我这么年轻有为的人。我的竞争对手则在思考我是如何获取这些房源的,而且还能售出一栋新建楼盘——位于第八大道28街的昂尼克斯大楼。

自从销售出西20街那套两居室公寓之后,我就像演出主持人那样为每一位客户服务,为每一场演出和每一次看房日辛勤工作。我逐个跟进这些看过房的客户,并把他们中的很多人变成我的朋友和推荐人。我还不断向同一栋大楼中的其他业主推销自己,于是手中的房源成倍增长,客户群体也随之扩大。我的售房经验与日俱增,并学会了大量的销售技巧。

昂尼克斯大楼是我第一次接触到的新楼盘项目,我跟进该项目整整两年。我与建筑师和开发商一起规划这幢大楼,完善单元面积、平面图,以及周边的便利设施。然后,我开始给公寓定价,并制作宣传资料,建立销售中心。这些工作耗时耗力,但带来的经济回报也非常明显。

最后，整幢昂尼克斯大楼只有四套公寓没有销售出去，于是我决定邀请其他带客户来这里看过房，并且已达成交易的房产销售员在四季酒店共进午餐。我的想法是：他们了解这幢大楼，所以与他们合作可能会再次促成交易。约翰当时作为一位房产销售员，也在受邀人员之列。

## 1/2+1/2≥5

我此前从未想过自己会有合作伙伴。尽管我长期承受很大的压力（甚至有点心力交瘁），但自认为完全能够应付局面，并打算一直这样单打独斗下去。约翰改变了我的想法。我仍记得我们初次见面时的场景，还有共进午餐时的愉快对话。他说他也记得这些事情，但他的记忆与我的有些不同。

约翰说他对我的印象是我忙得不可开交。他说他"能帮我分担一部分事务，并帮我赚更多的钱"。那时候，我并没有意识到他在给我提供一份商业提案，因为我根本没有意识到自己需要一位合作伙伴。

之后没多久，我就给他发出一份工作邀请。在东4街52号，我还有一幢待售大楼，我已经在该项目上倾注了大量的时间和心血。我知道约翰很受欢迎，在带客户看房时，他总是充满活力，散发出迷人的魅力。凡是出色的看房领队，走进公寓之后，都会逐一向客户展示房中的布置，并介绍房子的每一处卖点，同时还要取悦客户。我对约翰说，每销售出东4街52号大楼的一套公寓，我就会支付他1万美元的佣金。他接受了这份工作，而且在他的帮助下，那幢楼的公寓很快销售一空。在他带客户看房的时候，我可以抽出大量时间去寻找新的楼盘和房地产开发项目。

## 第10章 结交合作伙伴并影响潜在合作者
寻找、聘用并管理优秀人才

我和约翰建立了一种更正式的工作关系。我必须承认，当时并不确定这段关系能否维持下去。我不确定在成为顶尖房产销售员的路上，是否要让另一个人分享我的荣誉？但直觉告诉我，两人合作要比单打独斗好很多。于是我听从了自己的直觉。我们也曾讨论过两人是否要分开工作，但很快就否定了这种想法。他告诉我，如果我与他合作，得到的将不是现在业绩的1/2，而是5倍之多，但辉煌的成绩需要我们共同创造。

有时他也会让我失望（他肯定会说，是我无所不用其极地把他给逼疯了）。我不分日夜地工作，连周末都去上班，而他大多时候都是正常上下班，还会在夏季的周末去火烧岛的海滩享受阳光，这让我十分恼火。有时我还要教他怎么开拓业务，这让我更加疲惫。我们开始合作时有很多分歧，但后来找到了解决办法。约翰是一个很善于学习的人，他很快就取得了不错的成绩，而且总能把滞销的房子卖出去。

我的职责是开拓新业务，并从承建商手中拿到新楼盘项目，约翰负责带客户看房。如果需要和客户谈判，我们会一起完成。在金钱和时间方面，我们都是平均分配，但有一件更重要的事情出乎我们的预料：我们成为了好朋友。我们开始喜欢在工作之余相互陪伴，就算是去度假也会结伴出行。我们互相鼓励、互相帮助，并开始创建全美顶尖房产销售团队。

然后，经济危机开始了，美国经济开始下滑，房地产市场的繁荣也戛然而止。我对约翰说："这种环境对我们来说反而更有利，我们会更坚强、更谦虚、更努力，所以会取得更好的业绩。"

可是说起来容易做起来难。在经济低迷时期，我的支出与日俱增，收入却是负增长。2009年第一季度，我是全纽约市唯一一个销售出苏荷区房产的销售员。当时房地产的交易量很少，没人知道市场还会低迷多久。就是在那段时间，我和约翰相互扶持，帮对方摆脱了困境。我们并没有像其他房产销售员那样分道扬镳，而是像一对模范夫妻那样，成为了平等的合作伙伴。

为什么我们的关系会如此融洽？约翰喜欢带人看房，这并不是说我不喜欢带客户看房，而是因为我的天赋更适合做其他事情，比如规划楼盘和开拓业务，这就是我的"核心竞争力"。你也许擅长做很多事情，但为了追求效率，你要做最擅长的事情，把自己不擅长的事情留给最佳人选去做。约翰的特长是和那些想买房的人坐在一起，聊财富、需求、可爱的宠物以及喜欢哪种颜色。这种特长是独一无二的。

如果你看过《百万金豪宅》，可能会为约翰没有参与其中而感到困惑。其实，约翰曾参与录制过家庭与园艺频道的《纽约卖房记》，但现在他不想再参加电视真人秀了。

## 为何寻找合作伙伴是一种天才举动

首先，如果你找到一个最佳搭档，把你的天赋和技能与他结合起来的时候，你们配合达到的效果会被无限放大。即便最优秀的人也不能凡事亲历亲为，况且我们都缺乏做某些事的天赋和能力。如果你能意识到这一点，并能找到一个与你互补的人，你就有了一种全新的视角以及全新的个性和天赋，能解决自己无力解决的问题。

其次，并不是每个人都喜欢你，但如果你拥有一个合作伙伴，那么人们喜欢你们这个组合的几率会大一倍，因为在你们遇到的人中，他们至少会喜欢你们其中一个。

再次，当你要退却的时候，你的合作伙伴会阻止你，然后给予你支持。当你们组成一个团队时，你不想让伙伴失望，因此即使感到梦想破灭，也会坚持下去。我和约翰一起工作、一起旅行、一起欢笑，我们真的很享受彼此陪伴的过程。当在茫茫人海中找到我们的"飞行控制塔"乔丹时，我顿时觉得这个组合变成了"铁三角"。我们都很看重彼此，这才是真正的成功。不管你是哪个行业的销售员，都要善于推销产品、开拓业务，还要异常勤奋地工作。除了出色的销售业绩，让我们脱颖而出的是那些艰难的危机时刻。在面临危机时，我知道我们会守护彼此。

最后，如果你在工作时还可以感受到乐趣，那你就是人生的赢家。对你来说，工作不再是工作，而是精彩人生的一部分。尽管生活很艰难，我们仍能让它变得无比精彩。

总而言之，当你和别人一起完成某件事时，它会变得更加有趣，而且你们也更容易取得成功。我认为人们结婚的真实原因是需要一个与自己互补的伙伴，人生起起伏伏，那个人会永远站在自己身边，并让自己变得更加完美。婚姻需要"相爱一生"的态度，抛开宗教因素不谈，这是两人结合的真正动机。对我来说，这意味着当有人和我一起实现某个远大理想的时候，我会表现得更好。

当我在讲述如何寻找合适的伙伴时，指的并不仅仅是工作伙伴。"伙伴"是指能在你实现梦想的道路上帮助你的人。工作伙伴固然重要，但你的生活伴侣也会对你产生巨大的影响。一整天忙碌的工作后，如果没有一个人在家里等着你，告诉你他多么爱你，多么为你感到自豪，你就很难在事业上取得成功。

德雷克是一位画家，而我是一名商人，我俩的职业截然不同，但我们在生活中相互鼓励，一起寻找人生的幸福，我们都要成为更优秀的人。他是我遇到过的最高大英俊的男人，但我不会因此而嫉妒他。这就像我们一起参加一场激动人心的赛跑，要一起冲过终点线。

我想向他说明,当我不在他身边时,我都在做什么(以及我经历过什么),这有助于我们更好地沟通。可以避免两人陷入诸如"我过得比你更辛苦"之类的争吵中。

以前我经常和约翰抱怨自己每天工作了多长时间。我们每天做的事情不一样,但都在朝同一个目标奋斗,那就是我们的幸福生活。你和你的伙伴、朋友或家人可能从事完全不同的职业,你们为什么不尝试着把每天的工作细节记录下来,并互相分享呢?这些细节可以包括你见了谁、做了哪些事情、你所面临的冲突,以及你所获得的成就等。这也许是我能给你的最佳建议了。

## 列出你的人脉资产负债表

也许没有人告诉过你:与你相处最多的五个人会影响你的性格。这句话的含义就是:你能否取得成功,取决于你能不能找到能帮助你成功的人。人类总喜欢尝试着去适应别人,并从中寻找归属感。我们模仿那些组成我们核心团体的人,因为如果不这样做的话,我们会担心自己被团体所排斥。

想象一下:当周围有一个满怀抱负、勤勤恳恳且非常成功的人,他是否会促使你更加努力地工作?同样,如果周围都是懒惰的人,你就只会在沙发看电视来打发时间。仔细想一想你在日常生活中遇到的人,他们是怎样的人?他们喜欢自己所做的事情吗?他们努力工作吗?他们很聪明吗?他们能让你开怀大笑吗?当他们在你身边的时候,你会更加享受人生吗?但愿你正在和成功人士打交道。我不知道你是怎么想的,但我希望身边的人有如下特质:

**真诚**：我在寻找那些真诚和忠贞的人。他们可以特立独行，但不会弄虚作假；

**有包容心**：我喜欢那些对我包容的人。即使我有时行为怪异，他们也会为我鼓掌，而不是对我评头论足或大惊小怪；

**值得信赖**：能够保守秘密，并总能言出必行；

**宽容大度**：我们都会犯错。我喜欢那些有同情心、愿意心平气和地接受我的道歉，并宽容我的人；

**笑容满面**。可能这是最重要的一点，因为如果你能将你的欢笑与别人分享，那么无论生活本身还是这个世界，都可以被视为一段令人捧腹的旅程。

现在，你已经知道如何才能成为销售大师了。未来几年，你将会飞黄腾达。但在这个过程中，你会遭遇一些残酷的现实。有些人会想方设法拖你的后腿，他们会告诉你有些事情你不能做、有些事情你要怎样做等。曾向美洲印第安人传播基督教的约翰·艾略特说过："历史告诉我们，最终能改变世界的人——无论是伟大的政治家、社会学家、科学家，还是技术员、艺术家，甚至是体育改革者——通常都是些'疯子'。但事实证明，他们都是正确的，他们都是天才。"

我喜欢"唱反调"的人，当我听到他们"唱反调"时，就知道自己成功了。甘地说过："他们先是无视你，然后再嘲笑你，接着与你战斗，但最终，你获得了胜利。"不要害怕"唱反调"的人，你要证明他们是错的，这是人生当中最美妙的感觉之一。

这些年来，我遇到了很多想拖我后腿的朋友。有些朋友和同事不想看着我取得成功，所以无论我做什么，他们都说"不行"。当我告诉他们，我要去美国生活，他们说离开熟悉的人和环境是一种愚蠢的做法；当我决定零底薪进入房地产行业的时候，他们说我这辈子肯定要做穷光蛋了；当我决定创办自己的公司时，他们说这会让我破产的；当我与电视台签约，参加真人秀节目时，他们说这会毁掉我的人生和事业；当我告诉他们要写这本书的时候，他们说我的书会因空洞无比而无人问津。

现在我终于看清本质了：他们梦想着自己能够勇敢一点，或自己能够获得类似的成就，不想我在他们之前功成名就。这实际上是一种嫉妒心理。他们可能不是针对我，只不过如果周围的人在生活中原地踏步，就意味着他们至少不是人生的输家，或有人陪他们原地踏步。我想乘坐气球飞向天空，而他们却像一个巨大的重物拖着我，我必须把挂重物的绳子砍断。

做一下这个练习。找一张白纸，在中间从上到下画一条直线。在线的左边标上加号，右边标上减号。在左边列出那些让你生活变得更美好，并且真心希望你表现出色的人；在右边列出那些拖你后腿的人。我知道这项任务不简单，因为分出周围的人属于哪一类并不是一件容易的事，但你还是要尽量去尝试。接下来，你要尽可能与左边的人多相处，尽量回避右边的人。那不是冷酷无情，而是一种自我保护。不要担心他们会失望，更不要因为放弃他们而内疚。对于那些不鼓励你，反而一直想方设法阻挠你的人，要敢于和他们说再见。职场上，你要寻找那些能激励你的同事；社会上，要找到一些让你感觉良好的朋友；家族里，不要与那些贬低你的成员为伍。

既然我们已经远离了那些沮丧和悲观的人，接下来，想成为成功人士，就必须要找到以下五种人：

**家族代表**。这是你们家族中的一名成员，他能帮助你全盘考虑家庭问题，并帮助你梳理头绪。这位成员从小就了解你，愿意在深夜里听你倾诉，并且总是愿意给你提供真诚而实用的建议。对我来说，我哥哥西格就扮演着这样的角色。在我父母离婚的时候，他给予我指引，并把他的肩膀借给我依靠；当我说要搬到纽约去住的时候，他表示支持。他一直都是我坚强的后盾。

**爱人**。这是在晚上伴你入眠、早晨和你一起醒来的人，是你生命中最特殊的一个人。他愿意在顺境中赞美你，更愿意在逆境中陪伴你。我并不是要你找一个能帮你解决所有问题的人，而是找一个不会让你独自处理难题的人。你会发现，这个人会让你更加幸福。

**激励你的人**。我们都需要仰望某个人，向这个人学习。他比你更加优秀，并取得了伟大的成就，愿意和你分享他的成功经验。很幸运我的身边有三个这样的人，他们分别是厄本·艾登斯特罗姆、多蒂·赫尔曼和安迪·科恩。厄本是瑞典最成功的房地产企业家之一，还是埃克伦德斯德哥尔摩 - 纽约房地产公司的董事会成员和投资者之一；多蒂是道格拉斯 - 艾丽曼房地产公司的首席执行官和美国最成功的女性企业家之一；安迪则身兼数职，他不但是精彩电视台的领导人之一、节目主持人，而且是畅销书作家。

**资历相当之人**。这个人与你水平相当，他是你的密友，能够客观地表达自己的看法。他会与你一起欢笑，也会质问你，并敢于提出你的缺点。这样的人也被称为"死党"，我的合作伙伴约翰扮演的就是这种角色。

**学徒**。这是在人生阶梯上级别比你低的人。你有机会去抓牢、激励和鼓舞他们。非使东仪能够给你机会回报社会，还能时刻提醒你要记住自己的成长历程，并激励你继续前行。对我而言，这种力量就体现在我写作本书上。

一旦你踏入一个行业，并取得越来越大的成就时，你唯一的问题就是需要更多时间。为了争取更多时间，你需要投入更多人力。人员越多，你们就越能完成更多的工作，从而赚取更多的钱。可是你如何才能知道是否要聘请新员工？聘请新员工能帮助你扩大业务吗？

开拓事业存在着最佳时机，如果你不早点下手，就会错失良机。你的助手不但能帮你把"雪球"推下山，还能制造一个个小"雪球"，然后制造一场"雪崩"，那时候就没有人能阻止你成功了。

## 如何打造一支快乐的职场团队

想知道如何才能与最优秀的人一起工作吗？想知道如何才能正确地培养你的员工吗？让我给你提供一些建议吧。首先，你要做到以下几点：

- ◆ 你要意识到自己和其他人不同，所以你要接受别人的模仿；
- ◆ 你要知道，你的竞争对手正是你最好的同伴；
- ◆ 发掘团队每个成员的天赋，天赋既可以是个人魅力，也可以是丰富的理论知识；
- ◆ 学会包容别人的小错误；
- ◆ 为员工支付让他们满意的薪水。

## 第 10 章 结交合作伙伴并影响潜在合作者
### 寻找、聘用并管理优秀人才

我在瑞典和挪威分公司的销售人员几乎都是我亲自聘请的。关于如何寻找优秀的团队成员，我有两大秘诀：

**向推荐人才的员工支付介绍费**。假如我的团队有 10 名员工，但我需要再招聘一名员工，而我自己又没有多余的时间，这时我会在开会时告诉团队中的其他人，让他们帮我介绍理想人选。作为酬劳，这名新员工入职第 1 年 10% 的佣金将分给介绍人。这样做的好处在于，介绍人推荐的人将会很优秀，因为他们所获的奖金取决于这名新人的业绩；再者，一旦新人应聘成功，介绍人会帮助他尽快熟悉公司的运作流程，形成一种自发的培训，并竭力保护新员工。

**让其他人做评价人**。我还有一个秘诀，不但可以聘请到合适的员工，而且会让我认可的员工心甘情愿进入我们的公司。那就是"反其道而行之"。如果他们想进入我的团队，跟我见面是免不了的。你如果要去其他企业面试，也要和老板或领导见面，这没什么不同，但不同之处在于：当我向有可能进入团队的新成员推销自己时，他们不会相信我的话。所以我让那个人走进会议室，让我的员工去与他对话，他们带着真诚和友好的态度来回答即将入职的员工的各种疑问，例如"你觉得这个公司如何？""老板是个容易相处的人吗？"或者"他心情不好的时候会怎样？"等相信我，一定要让未来的员工从你最优秀的团队成员那里听到你是个容易相处的人，没有什么比这更能让他坚定信心。你会使对方心悦诚服。而且不会多花你一分钱。

我 23 岁时就掌管着 45 名员工，但当时我并没有展现出真正的自己，我故意装成老板的样子，严苛、沉闷。由于我要对一大群人的业绩负责，所以我认为业绩才是我唯一考虑的问题。我觉得，如果表现得太风趣或太友好，员工们就不会重视我。我歪曲了自己的本性，并没有意识到营造快乐的职场氛围的重要性，而这恰恰是在当下职场争取得成功的基本原则。当一个人愉快地工作时，他才会全力以赴。如今，我使用的是"胡萝卜政策"，我开始将自己视为团队的吉祥物。

我一直都对我的团队说，要学会寻找乐趣。无论做什么，我们都要留下值得回忆的东西，而这会带来更多的机会。我把我的团队视为一个大家庭，一个快乐的家庭要建立在爱的基础上。一个懂得感恩的人，他的表现会超出你的预期。商业世界残酷无情，而且有时会带给人巨大的压力，所以我更应该善待我的团队。我们为共同取得的成就而欢呼，我们人性化地对待员工，赋予他们希望、梦想和利益，而不仅仅是让他们做普通员工。

我很喜欢能给我带来杰出创意的团队，他们也喜欢因此获得的奖励。为了让员工保持愉悦并激励他们取得成功，我们制订了以下几项颇有成效的措施：

**下班后团队小聚**。每隔一周，我的团队都会相约去小酌几杯或共进晚餐，而且每年我们都会举行两次大型狂欢派对，一次在圣诞节，另一次则在仲夏夜。这些外出活动让我们有机会摆脱紧张的工作，放松身心。最重要的是我们能在聚会中开怀大笑，排解工作压力。

**奖励、竞争、旅游**。要培养员工的忠诚度，可以给他们制造意想不到的惊喜或奢华享受。最近我请员工到墨西哥为我庆祝生日，这让他们无比惊喜。不过，你的礼物不一定要这么昂贵，从鲜花到晚餐礼品券，任何物品都可以作为礼物赠送给员工。他们只是希望自己得到别人的关注，并被别人所欣赏。我给瑞典和奥斯陆分公司的员工设立了一个季度评分体系。如果他们被媒体报道或达成一笔交易，都会得到相应的分数。在每个季度末，得分最高者将获得一定的奖励，奖品从水疗护理到纽约奢华之旅不等。这样可以提高团队的工作满意度，并使员工更努力地工作。

**营造良好的办公室氛围**。在公司里，没有谁愿意做一个任人差遣的机器人。给他们一些小小的奢侈享受，他们会非常感动。谷歌在这方面就做得很好。为了让员工保持健康愉快的状态，公司给员工提供了很多额外福利，例如美味的食物、带宠物上班的特权等。我也尝试着给我的团队成员尽量提供一些福利，例如请他们到墨西哥餐厅吃晚餐，他们可以在那里喝龙舌兰酒，而且还可以在餐桌上跳舞，或者大家带上宠物到中央公园野餐，又或者每周举行一次团队会议，员工们在会议上相互表达谢意。

**人人都有发言权**。人们都希望别人能听到自己的声音。你所在团队的每个成员都想表达自己的意见。我和我的欧洲团队每周进行一次电话会议，从前台接待员到房产销售员，团队的每名成员都要发言。

**共同的梦想**。一个团队就像一段婚姻，团队的所有成员都应该知道公司的发展方向。公司的管理层不应该只看财务目标，还要知道公司的10个关键目标，并让员工充分理解公司这些目标。这样员工才能对公司投入感情，而当所有人为了共同目标奋斗时，那种兴奋感是很难用语言表达的。

**奖金和佣金**。想让员工取得更好的业绩，应该采取一些激励措施。你要有一套完善的奖励制度来激励优秀员工。正如销售人员要激发客户的购买欲一样，老板也要激发团队的积极性，这样团队的每位成员才会勇于追寻伟大的梦想。

人各有所长，无论是你的同事、团队成员或者伴侣，每个人都希望得到别人的赏识。作为一名成功人士，你一定要学会体贴和鼓舞下属，并让他们了解到自己的重要性。你要号召员工去争取胜利，但也要允许他们犯错。你既要勇于道歉，也要宽容地接受别人的道歉。对员工多一些真心实意的赞美，少一些粗暴的批评。倾听员工的心声，学习他们的优点。你要把快乐传递给遇到的每一个人，这样会结交更多朋友，并影响那些想和你共事的人。

# 第 11 章

## 赌住媒体的嘴

### 学会利用媒体获取关注

我第一次带莱昂纳多·迪卡普里奥去看房的时候，瑞典媒体（就是所谓的"狗仔队"）碰巧也在场。当时我想："他们是怎么收到消息的？！"起初我很气愤，感觉像是被侵犯了隐私，但后来我意识到，媒体的关注是一个巨大的机遇。

幸运的是，那天我穿着那套最好的西装，在苏荷公寓楼面前的路边等着莱昂纳多的黑色越野车出现，而街对面有一堆长焦镜头对着我，我权当它们不存在。

接下来，莱昂纳多的车子出现了，他走下车，我立刻上前与他握手。这条新闻成了瑞典的头条，网络上的点击率飙升。数百万瑞典人看到的新闻标题都是："弗雷德里克·埃克伦德：超级巨星们的房产代理人"。

实际上，我和莱昂纳多的这笔交易并没有谈成。但在那个时候，做不做得成生意真的不重要，重要的是人们把我们俩的名字联系了起来，他们要么认为我已经把房子卖给他了，要么根本不关心这个问题，只要能看到我和莱昂纳多一起出现就行。

## 吸引"无冕之王"的关注

我喜欢获取别人的关注,每一个出色的销售人员和商人都应该争取得到别人的关注。只有获得第三方的肯定,才说明你是自己所在行业的顶尖人物。你可能会问:"媒体为什么要报道我的故事呢?我又不是什么大人物。"但千万别这么想。这不是一名成功人士应有的想法。你本身就是个大人物,你注定要取得伟大的成就,并且赚大钱,而且一定要主动出击。

我在前文已经告诉过你,通过在社交媒体口口相传的方式,我以超出客户预期的价格销售出很多套房子。口碑营销是一种免费的营销工具,它不但能够推销产品,还能推销你自己。但在你的营销"工具箱"中,还有另外一种被称为"新闻媒体"的工具,你可以借助它来营销。只要你积极主动,媒体就会找到你。

新闻媒体的关注和报道是无价的。它能提高你的曝光率。通过这种方式,客户得以了解你和你的产品。媒体的报道让人们知道你能够提供什么样的服务,而这正是你需要的。无论是朋友夸赞你,还是新闻报道提及你,或者你在电视节目上接受 30 秒的采访,都相当于对一名潜在客户说:"这个会高踢腿的家伙是业内行家。"如果有人在《纽约时报》上发表文章,说你是你所在行业的顶尖人才,这可是花钱都买不来的。

实际上,哈佛大学的一项研究表明,公关宣传的有效性比传统广告要高出 20 倍。也就是说,同样是 10 美元,在公关宣传上所获得的回报比花 200 美元打个传统广告还要高。你可以用固定薪资或提成的方式聘请一位公关人才。无论采用什么方式,一定要让别人持续关注你,这是把生意做大的关键所在。如果人们在商户点评网 Yelp 上面对你的产品或服务好评如潮，这可是千载难逢的机会。而如果你的故事被一个主流媒体所报道，你的销售额将狂飙至数百万美元。

## 亿万美金经纪人

当我站在迈阿密的一家星巴克咖啡店里，看到《纽约时报》风尚版的封面时，顿时倒吸一口气，上面那个人居然是我。

这件事说来话长。

2006年，我的目标是实现10亿美元的销售额。我决定与其花钱做广告，不如花1万美元聘请一个视频制作小组制作一段视频，名字就叫《亿万美元经纪人》(*Billion Dollar Broker*)。还记得我在第20街销售出的第一套公寓吗？在完成首笔交易后，又有很多客户找我买那幢大厦的其他公寓，其中一位客户的职业就是制片人。他与我年纪相仿，刚刚大学毕业不久，当时正在筹建自己的制片公司，我们成为了朋友。

我曾经这样想：销售工作是一种数字游戏，而每次与客户见面都像是演员去试镜，现在，我要获取客户的关注，让他们排队抢购我的服务。根据我的经验，我发出1 000封信件，才可能找到一位新客户。后来我意识到，如果要通过寄信件的方式开拓100位新客户，光是寄信件的纸恐怕就要让不少热带雨林的树木遭殃。假如我真的想成为纽约市的顶尖房产销售员，就不能靠一张信纸来描述自己，因为这张纸从邮箱出来之后，很可能会被扔到垃圾桶里。我要长时间地与潜在买家和卖家沟通，让我的名字深深刻在他们的脑海中。但和竞争对手一样，我每天只有24小时可以用。唯一可能的办法就是让自己进入他们的家庭，而电视或许是一种不错的渠道。

那时候，我注意到美国文化发生了两种转变。电视真人秀节目正在兴起，而房地产行业也发生着翻天覆地的变化。守旧的房产销售员把房子放在比他们自身更重要的地位。他们认为房子才是明星，而销售员只是客户购买房子的渠道。与此同时，新生代的房产销售员正逐渐成为行业明星，那些有着熟练的销售技巧、充满活力的新晋销售员非常优秀且才华横溢。在他们的身上开始产生品牌效应，客户都想与他们合作，房子本身倒成为次要的了。

客户之所以打电话给我，是因为他们听说我很有趣、很优秀。但我知道，如果要在纽约的房地产行业名声大噪，就要做一些令人赞叹的事情。给客户打电话、登门拜访等方法已经过时了，受到关注的人才能获得最多的机会，进而打破销售纪录。我曾问自己，怎样才能让我的企业得到最多关注？答案就是：上电视真人秀。并非任何类型的电视真人秀都适合我，而随意参加节目可能有损我的形象。我需要这样一档节目，它不但能展示我的那些天价交易，还能展示我对房地产行业的热爱。我要让客户看到我从不放弃的品质，愿意为他们做任何事情的决心。

对我而言，参与视频录制是非常艰难的一件事情。我们完全靠自己完成了宣传片的制作，而这段短片也引起了精彩电视台高层的关注。我平常不看电视，但知道讲故事的一些基本技巧。刚开始时，人们会讨厌你，但最终他们会爱上你。

我乘坐一架直升机盘旋在纽约上空，因为电视真人秀节目喜欢炫目的效果；我和团队在摄像机面前争论，因为真人秀节目喜欢制造冲突；我去同性恋酒吧寻找真爱，因为真人秀需要爱情；我向观众展示房子，因为那是"亿万美元经纪人"必做的事情。在电视节目中，我要表现出成功的房产销售员的气质，而且带些疯狂和幽默。我们要给观众制造一种悬念：这家伙能在一年时间内销售价值十亿美元的房产吗？我还保留了一张该节目的DVD，就放在家里的抽屉里，时不时地拿来看一看，然后大笑一番。

精彩电视台一直是全世界举办真人秀节目最成功的电视台。与其他举办真人秀节目的电视台相比，精彩电视台有着范围更大的观众群体，它的观众群体覆盖大西洋和太平洋两岸，而这正是我要接触的目标人群。此外，在做了一些调研后，我知道这家电视台的一些节目版权已经被引进到全球150多个国家。

精彩电视台会在每一季真人秀节目开播前与所有制片公司见面，看各家公司能提供什么样的节目。我哥哥认识洛杉矶的一位代理人，他可以带我们去参加电视台的会议。我既兴奋又紧张，在会议开始前的几天，那位代理人突然对我说，我最好退出会议，这样一来，电视台的高管们可以畅快地发表对我的看法。我觉得这是我听到过的最愚蠢的话，但还是默然接受了他的建议，毕竟我没有经验，无法准确地预计风险。我让哥哥从瑞典飞来纽约，代表我去参加会议。

电视台的高管们看完录像之后，表示他们很喜欢。然后安迪·科恩问了一个很有价值的问题："弗雷德里克在哪儿？把他叫进来，他是不是在外面等着？"那位代理人吞吞吐吐地回答："呃……我们觉得，如果他不在现场，或许会好一点。"精彩电视台的高管说："如果决定做一档与纽约房地产相关的节目，一定要给弗雷德里克打电话，我们喜欢这家伙。"

与此同时，我们公司的老板们看了这段视频后狂笑不止。他们并告诉我，我很聪明但有点疯狂。几周后，当我走进办公室的时候，董事会正在开会，除了我以外，公司所有的顶尖销售员都在那里。我问前台接待员里面在开什么会，她说："电视台打算和我们共同录制一档节目，他们正在和家园频道谈拍摄节目的事情，叫做《纽约卖房记》。"

我心里一沉，立刻打电话给管理层。"怎么回事？"我问道，"为什么不叫我参加会议？你知道我很想参加房地产节目录制。"

他说："家园频道没选你。"我快要崩溃了。更令人崩溃的是，当他们开始拍摄的时候，我还要躲开镜头，假装在做自己的事情。我觉得公司高层是故意这样做的，所以很生气。

我一直与精彩电视台保持着联系，他们确实打算录制一档与纽约房地产相关的节目，但进展相当缓慢，当时还没有着手去做。

于是我跑去希腊旅游，想让自己冷静下来，而刚好在我邂逅德雷克的前一天，精彩电视台给我发来了一份合同，邀请我在《百万金豪宅》中担任主角。我跑到另一家酒店借了一张纸，把它放到我所在酒店的传真机里。就在同一天，《纽约时报》也给我打了电话，说想给我做专访，将我的经历作为风尚版的封面故事。

那一天发生了太多事情：我邂逅了一个男人，他后来成为我的爱人；我还获得登上《纽约时报》封面的机会，并与精彩电视台签订了一份演出合同，担任一档真人秀节目的主角。这一切事情叠加在一起，让我成为了纽约最顶尖的房产销售员。

这个故事对你有何启发？你不一定要参与精彩电视台的节目，但一定要把自己的故事告诉别人，让全世界都知道你要传达的信息。

## 如何让别人关注你

如果你的预算不多，也有很多其他获取关注的方法。下面是一些让别人知晓你的方法。

1. **态度友善**。打开你的智能手机，把认识的优秀人士的联系方式罗列出来。无论你销售的是宠物服装还是杯子蛋糕，这份名单就是你的客源基础，你要把你的产品、服务和故事告诉他们，让他们成为你的粉丝。这样你就可以经常给他们发通告、邀请他们参加有趣的聚会、或在当地的酒吧喝几杯，让他们知道你的动向。只需在当前的社交圈中投入一些时间和金钱，就能认识更多的人。在我的职业生涯早期，我会定期举办聚会，并且在聚会上认识很多客户和推荐人，我用这种方法赚到不少钱。原因何在？因为那些人不但是你的口碑传播者，也是你的后备公关代表，他们会在自己的熟人面前（和社交媒体上）夸奖你。

2. **主动与记者接触**。在 HelpAReporter.com 网站上注册，你就可以接触到新闻记者、编辑和制作人，他们都在为新闻报道寻找素材。这个网站能让你参加电台和电视节目，还能被报纸报道，流程是这样的：你每天会收到三封来自不同媒体的邮件，对方会向你提出询问。如果你的知识结构符合他们的要求，就可以给对方发一份邮件，告知你的答案，并进行自我推销。面试之后你只需坐等消息就可以。然后以某一领域的"专家"身份参与节目演出。

3. **给媒体寄新闻稿**。如果你还没有一份联系人邮件列表，现在最好开始做一份。创建邮件列表最简单的方式就是把邮件地址存到你的邮件信件中，并把它与你通讯录联系人的信息合并。以前写新闻稿的目的是寄给媒体，如今新闻稿通常被用来与消费者直接沟通。一份出色的新闻稿通常以一个博人眼球的标题开始，例如"市场疯了"。然后，在文章的第一段，要引用一些不容争辩的事实和数字，而最重要的是，要注明消息的来源，例如"根据纽约最顶尖的房地产销售团队领导人弗雷德里克·埃克伦德的说法……"

4. **撰写时事通讯**①。每家公司和每位商务人士都应该有一份时事通讯或一个博客，以便和他们的受众进行沟通，并推广其产品、服务和想法。我的会计师每月都会发给我一份时事通讯，告知我法律条文的变化以及我可以采取的避税措施。我每月都很期待这份通讯，而且我知道这些资讯都是她认为我有必要看的。

5. **对突发事件的新闻进行回应**。如今，不仅官方媒体可以对突发事件的新闻进行回应，你也可以对它们作出回应。我从事的是房地产行业，所以如果市场上出现爆炸性新闻，我会迅速通过社交媒体、电子邮件和电话发表评论。房地产市场跳水20%？我会针对我信息库中的追随者、制片人和新闻记者发表一篇名为《为何要现在进入房地产行业》的文章。一家开发商刚刚卖出一套千万豪宅？我会马上放出消息，说我有一套更具投资价值的豪宅。这种策略适用于任何行业。

6. **联系记者**。如今，人们可以通过新闻报道链接与记者进行联系。当你点击这位记者的名字时，就会得到对方的邮件地址。为什么人们在给《纽约时报》《华尔街日报》或家乡的报社发邮件时总会惴惴不安？我就不会这样。只要一通电话，我就能找到最优秀的记者。我每周都会给他们打电话和发邮件，给他们提供新闻素材，而我通常是这些新闻的主角。如果你发现一些自己喜欢的新闻素材，马上打电话或发邮件给记者，大力吹嘘你有多喜欢他的新闻，然后话锋一转："我这里有条新闻，或许你用得上……但我现在还不能说。"记者最喜欢独家新闻了，所以他们十分青睐别人提供的秘密消息。接下来先等几天，然后把你的新闻告诉他。"据《纽约时报》报道"是一句能帮你提高身价的话。现在，我把这句话做了一些延伸："《纽约时报》曾用六次

---

① Newsletter，给特定读者定期寄发的时事通讯，一般用作推广之用，比如推广展会和产品。——译者注

头版头条报道了我的故事。"来一个高踢腿吧。

**7. 制造属于你的新闻。**你要想办法宣传你的产品或服务。既可以用创意广告，也可以在 YouTube 上传一段短片，或举行一场寻宝比赛，你还可以向当地电台提出参与他们的广播节目的请求，或为当地报纸发表评论。但无论哪种方法，一定要注重技巧。

如果你得不到别人的关注，就无法实现交易。你要做的就是告诉受众你有什么技能、可以为他们做什么，以及他们如何获得你提供的信息。你不必为了制造新闻而到时代广场上裸奔，但如果这个方法有用（而且你也觉得很有趣）的话，那我就支持你。

我已经把我的秘诀告诉你了。现在，该轮到你来展示销售技巧了。

# 第 *12* 章
## 如何高效管理你的时间？
变得更棒、更好、更有效率

我曾提到，我父母卧室的墙上挂着一幅装饰画，画中有一只鸭子在水中优雅地前行，但在平静的水面下，它却疯狂地拍打着脚掌。无论过去还是现在，我的人生就像这只游泳的鸭子，而且我敢肯定，你的人生也是如此。生活是忙碌的，有些人在忙碌中陷入混乱，有些人则在忙碌中有所成就，这取决于我们如何管理自己的生活。

我也曾说过，我的第一个房地产开发项目是位于第八大道28街的昂尼克斯大厦。在我进入房地产行业的第3年，就争取到了这笔业务。我很兴奋，也有点害怕。我怎样才能规划一幢12层的大楼，把各种不同面积的单元进行正确组合？我怎样才能设计厨房和浴室以确保充足的光线和新鲜的空气，何处摆放步入式衣橱，以及如何规划健身房、屋顶装饰板和门厅等家居设施？

我根本不知道如何为一幢公寓楼创立品牌，也不知道如何寻找理想的客户，更不知道如何找人创建售楼网站、组建线下售楼中心、设计售楼手册。我甚至不知道如何制定一个合理价位，这个价位既能把这幢大楼的房子销售一空，让开发商高兴，又能赢得房地产行业和媒体的尊重。这是一件让人望而生畏却又感到无比刺激的任务。

我故作镇定地参加了新楼盘开发会议，不让任何人看出我缺乏相关的经验。我想表现得很大牌，但心里却胆怯得很。当我认真地做笔记的时候，脸上很平静，但心里就像鸭子疯狂踩水一样不平静。

我的观点是这样的：当你的事业突飞猛进的时候，如果能全心全意、充满热情地投入一个项目并表现出自己的创意，别人就不会在意你现在拥有什么或做过什么。他们想知道的是你能为他们做什么。**人们更喜欢充满热情、抱负并能够与他们分享对成功的渴望的人，而不是那些虽有经验、却悲观和麻木不仁的人。**

所以，如果你正在事业的道路上不断前进，我想给你提供几点质朴却实用的建议：

**充满热情**。热情是有感染力的。我希望身边的人对现在和未来都充满热情。如果你能给身边的人带来激情，那么无论你是不是新人，他们都渴望与你共事。

**敢于冒险**。在我的职业发展中，我做过一些有风险的决定，包括从斯德哥尔摩经济学院退学、前往纽约发展、录制《亿万美元销售员》试播节目、拍摄《百万金豪宅》、不断跳槽等。但我觉得安于现状的人是不会取得进步的。

**坐言起行**。一旦有好的想法，就要立刻付诸实施。过去的已经过去，你拥有的是现在。很多人不相信自己的直觉，无论有什么想法，都首先希望得到别人的认可。如果一直等待认可，你就会错失时机。就像人们所说："机遇不会再次光顾你。"

**拖延无益**。做事拖拉就相当于对别人说："我对这件事没兴趣。"这会让人们对你丧失信心。早上起床时，你的心里就要有份计划，让自己忙起来。你越忙，做的事情就越多。要想方设法把你的工作日程表填得满满的。空闲时可以去健身房锻炼身体。周末要自己找事情做（一定要找自己想做但没有做的事情），比如想写本书或晒太阳。"拼命工作，尽情玩耍"这句话谁都可以说，但是要付诸实施则需要毅力和不断地练习。

**放弃中庸之道。**不要凡事都寻求平衡，那是一种沉闷无聊的生活方式。相反，你要形成两种极端的生活模式：工作的时候拼命工作，玩耍的时候尽情玩耍。只要你全情投入，人们就会积极加入你的生活和事业中。

## 充分利用你宝贵的525 600分钟

在音乐剧《吉屋出租》（*Rent*）中，有一首歌叫做《爱的季节》。这首歌中提出了一个问题：我们用什么来衡量生命中的一年？在那525 600分钟里，你会做些什么？请忘掉金钱、忘掉祖母留给你的那枚钻石戒指吧，时间才是你最宝贵的财富。很多人浪费了时间，或让别人把时间偷走。时间管理很重要，为了不虚度此生，你在任何时候都不能落下工作、家庭、健康、友谊和精神中的任何一方面。而为了实现这个目标，你必须让一切井然有序。你控制不了别人的时间，控制不了交通状况，也控制不了暴风雪或炸弹威胁，但你能控制自己的日程。这样，你才不至于忙到崩溃。

### 列出待办事项，实际去做

你应该准备一份待办事项清单。在每天工作结束时，你可以回顾一下自己一天内做了哪些事情，还可以为明天设定更高的目标。宜家创始人英格瓦·坎普拉德说过："世上最危险的毒药是成就感，而解药就是每天晚上思考哪些事可以做得更好。"对我来说，成功源自极强的执行力。我们之前说过，我最重要的事是睡好、吃好、锻炼身体和培养与亲密的人际关系。所以我通常会把它们放在待办事项清单的最前面。一旦那几项做完了，我就在接下来的时间内做余下最难的一项任务。没有什么比清点"待办事项"更让人有满足感的事情了，这会让人上瘾，而且让我想做更多事。

## 电话是恶魔，当面谈最好

我很讨厌电话。因为每天都要高频率地使用电话，所以我觉得它是一个甩不掉的"恶魔"。而且为了聊天而聊天是一种非常浪费时间的行为。电话把我的生活弄得一团糟，尤其当我回家和德雷克在一起时，电话会响个不停。Skype 和 FaceTime 更加浪费时间，因为你不但要有连接设备，还要穿戴整齐、头发梳得发亮、并要有明亮的灯光，这会让我觉得很不自在。我觉得与人面对面才是最好的沟通方式，所以我不会和妈妈或德雷克打电话，而是带妈妈去旅行。在路上我们会玩得很开心，聊得很开心。我知道德雷克工作繁忙，所以我会给他写情书，让他知道我在想他。尽量减少打电话的次数。只有在讨论事情或被困在汽车里时才要求助于电话。不管通讯技术多么日新月异，与别人交流的最佳方式还是面对面沟通。

## 电子邮件，尽量立刻回，但别太长

对于如何充分利用电子邮件的问题，大家的观点各不相同。我对你说过，上班时，我会出于两种原因使用电子邮件。第一，我不喜欢事情越积越多；第二，如果有人想从我这里得到某些东西，我要马上回复对方，以此给对方留下非常深刻的印象。回复一封电子邮件相当干告诉对方我是一个有职业精神的人。

如果你及时给客户回复邮件，就无须因为拖延而向客户长篇大论地解释原因。我要强调一点：在我写的10封邮件当中，有9封都是用一两句话来回复的。举例如下：

问：我可以看房吗？
答：可以。乔丹会跟你联系并安排你看房（邮件同时抄送给乔丹）。
问：你什么时候有空谈谈本书的最后一章内容？
答：今晚7：00。
问：今晚你想在哪里吃饭？
答：找家有健康食物的餐厅吧，你来预订。
问：我的客户想降价。
答：给我打电话。

接下来，我们要讨论一下何时停止回复邮件。下班时，到家时，还是上床睡觉前几分钟？我通常会在回家前解决好一切问题，而且我和德雷克在一起时是绝不会回复邮件的。

我希望有一天，苹果手机的语音助手可以帮我查看邮件，并把需要我处理的某些事告诉我。遗憾的是，在那天到来之前，我还是要自己处理电子邮件，所以我找到一些其他有效的处理方法。

## 泛泛之交的机会成本

有些方法在你7岁、17岁或27岁的时候或许很有效，但当你到了37岁的时候，这些方法就不一定有用了。人通常是会变的，人际关系也会随之改变。此外，你和人们相处的时间是有限的。当你抽出时间去结识新朋友时，就不得不减少与老朋友相处的时间。对于别人向你发出的社交邀请，你不必每次都要参加。

有些人除了和你上过同一所高中，在其他方面就与你没有共同之处了，这些人你就不必费心去维持关系了。我不会关心谁在过去让我快乐和关心我，而会判断谁在当下给我最多的快乐和关心。与那些让你信任和钦佩的人共事，并且尽量只和最亲近的人共度美好时光。我和我的父母、朋友一起去过很多好玩的地方，并且非常享受彼此的陪伴。

有一次，我对一位治疗师说，我为自己的朋友太少而忧虑，他告诉我："弗雷德里克，你在追求错误的东西。你这一生只要有4～5个亲密朋友就够了。"他这句话让我铭记至今。我曾以为朋友越多，就会越快乐，现在我放弃了这种想法。如今，我只和最亲密的几个朋友建立一种真诚、牢固的爱与信任的关系。

我的父亲是欧洲知名的经济学家，当我还是孩子的时候，他教给我一个重要的经济学术语——"机会成本"。如果你选择了要做某件事情，那它的机会成本就是你做其他事情所带来的价值。我就是利用机会成本的相关理论说服约翰，让他同意我买汽车和聘用专职司机的。

在聘请专职司机这个问题上，我和约翰争执不休。约翰不舍得花钱，所以我花了不少精力去说服他。我对他说，如果没有司机，我会损失数百万美元。我要花很多时间去寻找电源给我的手机充电；而如果手机没电了，我这一天的工作也做不成。而买了汽车和聘请司机后，我的专车就是移动办公室和手机充电站，可以让我在舒适的环境中移动办公,远离疲劳、紧张和嘈杂肮脏的环境。它帮我节约了一笔干洗衣服和打的的费用;它还是一块移动广告牌,带给我数百万美元的业务。此外,它载着我到处谈业务,风雨无阻,帮我节省了大量时间。最重要的是,汽车的购置费用属于业务支出,我可以申请免税。

如今,我们有了两辆汽车和两名司机,这让我和约翰不能一起行动了。这两辆汽车让我们的业务翻了两番。而对于约翰来说,车却有其他的意义。他的奔驰车几乎每天都要清洗。夏天他要用车把宠物狗"佐伊妈妈"送到波士顿,而车的内饰有一种德国焦糖的味道,这种味道让我反胃。每次带客户看房时,他总是姗姗来迟,然后把那辆奔驰车停在待售公寓的大楼旁边。他先把有色玻璃窗放下来,拿起与镶金的苹果手机,放到耳边说:"稍等,马上就好。"然后关上车窗。这样的场面通常会引起人们的注意。约翰认为这种方式相当于告诉人们:"本人已经掌握一切。"别人会因此而记住他,并了解到他不是个乏味无趣的人。

当我们参加完某场会议走出大楼的时候,他的奔驰和我的宝马已经双双停在路边,司机分别为我们打开车门……你可以说这样有点做作,如果我一直打的出去谈生意,那么人们会觉得我没钱买车,所以专车会增加气势,让人们更加信任我们,从而带给我们更多的生意。而如果说像我这样的顶尖销售人员买不起一辆汽车,就相当于一位首席执行官说他请不起助手,或一名厨师说他请不起副厨。但关键在于效率,或者机会成本。

你也许会说:"我买不起车,也请不起司机。"既然如此,你怎样减轻生活的压力呢?如果你效率更高,就能赚到更多的钱。你可以尝试每周用1天的时间使用专车和专职司机为你工作(或者坐出租车),并把你的重要约会都安排到那一天。你将看到明显的效果。

# 第 12 章 如何高效管理你的时间？
变得更棒、更好、更有效率

## 学会授权

一个团队的前进速度由"领头羊"决定，但适当的授权能让团队创造的利润增加20%。术业有专攻，人尽其能，这样才可以大大提高整个团队的效率。例如在销售行业，尤其是刚开始做销售的时候，你会把40%的时间用在销售上，而剩下的时间则会用在办公室的文书工作上。但我建议销售人员把销售时间提升到100%。如果我用40%的时间见客户，并赚了40万美元；那么，假如我聘请一个人帮我做那占用60%的时间的办公室工作，我的收益会上升到100万美元，这正是我聘请乔丹的原因。他很喜欢坐在办公室里工作，而且也有能力把公司管理得井井有条。

这个道理同样适用于做家务。我们在做家务的时候也要考虑机会成本。打扫房间或遛狗等琐碎的家务会花费你很多时间，而你在这段时间内能做完更有价值的事情。所以我会雇人来做这些琐事，他们做得比我好得多。你要做成功人士，就一定要营造一个舒适的家居环境，才可以每天带着愉悦的心情投入到繁忙的工作中。

度假时，我会根据要花费时间的多少来选择目的地。从家里出发，一直到手拿一瓶冰镇科罗娜啤酒在海边度假，我都会不断地计算着时间。在这本书的读者中，如果有人在Expedia或旅游城市网（Travelocity）工作，那我告诉你：只要你能率先增加一种功能——让旅客很快可以看到从家里到旅游目的地所需的时间，那你们公司的股票价格肯定会猛涨。如果飞行时间是2小时或4个小时，从目的地机场到酒店要花2个小时，入住酒店要花45分钟，从酒店到海边要走30分钟，那我就对这趟旅程没什么兴趣了。我要的是效率，因为时间就是金钱。

## 时间是免费的，也是无价的

我是这样想的：如果我每天能挤出20%的时间来提高效率，那影响将是巨大的。如果你一年的总收入是100万美元，那这20%的时间就能让你多赚20万美元；如果你年收入是1 000万美元，那你能多赚200万美元。而且在一件事情上每多花1分钟，做其他事情的时间就少1分钟。失去的时间是拿不回来的，既然这样，为什么还要把时间浪费在一些不利于你未来发展的事情上呢？一旦你不断地提醒自己认清这个事实，就会拥有一个更幸福、更高效的人生。

生活中，你有没有遇到过这样的人，他们会问你："嗨，我能占用你一点时间吗？"我将这种人称为"时间窃贼"。被别人"偷走"时间后，你会分神，所以要用10分钟或更多时间来恢复注意力，所以千万不要让别人"偷走"你的时间。对于有这种行为的人，你需要这样说："我正忙着呢，把你要说的事情记录下来，我们稍后再作讨论。"在接电话的时候，我也会说："我知道你是谁，你想跟我打招呼是吧？好吧，你好。现在我很忙，我们稍后再谈。"要注意，说话时一定要和善，而且不要停顿，直切要害。

# 第 13 章
## 阻碍你成功的七个魔鬼细节
直面人生的起起落落

我要向你介绍一个词：听天命。它是妄想症的反义词。妄想症的含义是你认为这个世界以某种形式与你作对，而"听天命"则相反，它是一种乐观的心态，认为世界有一股力量在冥冥之中帮助你。我一直以"听天命"的态度生活，希望从现在开始，你也怀着这样的心态生活。这世界真的有一股力量在冥冥之中帮助你，它的名字叫"天下苍生"。请上前一步，让我悄悄告诉你："这个世界存在的目的，就是为了帮助你。"

当你身边发生了一些糟糕的事情，你可以认为自己是受害者并抱怨这种事怎么会发生在你身上；也可以从相反的角度看待它，认为这是上天的一次考验，你将因此而获得其他的回报。而后者就是"听天命"的生活态度。

当飞机延时起飞时，你要告诉自己："这是上天在给我机会去做平时想做却没做的事情。"你可以打电话给奶奶，或者回答会计师的问题，又或者给两年没有联系的儿时朋友写封信。一直以来，你都为自己没有做这些事情而感到内疚，现在你可以卸下心里负担了。

假如你正在超市的收银台结账，你前面的那个人信用卡出了问题，让等待结账的队伍越来越长。这个时候要告诉自己："因为出现这种情况，我才有几分钟的时间用手机翻看图片新闻，为某些荒谬的故事大笑不止。听天由命的心态会帮你将任何沮丧的时刻变成一种令人愉快的恩赐。

当你的宠物狗在家里昂贵的地毯上拉便便的时候，告诉自己："这是上天的旨意。此前我贪图物质享受，所以上天以此来提醒我：物质享受并不是人生中最重要的。"此外，那张地毯上全是尘螨，你正好可以扔掉它了。

失败和挫折是人生的必要组成部分。人生中出现的问题和食物、水源、空气一样重要。因为问题给了你寻找答案的机会，而寻找答案的过程能够启发你的心智。当你发现克服困难的方法时，会觉得颇有成就感。

"听天命"的最大好处在于：这种心态是有感染力的。你已经从我身上感受到了这股积极的力量。所以，你也会变得积极起来并影响全世界。看，全世界都在围着你转。

有一句瑞典俗语："平静的大海无法练就出色的水手。"在追求梦想的旅途上，总是充满了惊涛骇浪和狂风暴雨，偶尔你还会遇到鲨鱼的袭击。

在我看来，以下几种心态正是我们成功路上最大的阻碍：缺乏自信、嫉妒心、急于求成、怨天尤人、交友不慎、金钱问题以及生理疾病。只有处理好这些事情，你才能充分享受远征的过程，早日到达成功的彼岸。

如果你想在事业上取得成功，就要付出艰苦的努力。但在这个过程中，你有时会不知所措。譬如我，除了要处理好感情生活之外，还要应付贪婪的买家和卖家、出尔反尔的律师、愚蠢固执的银行评估员、缺乏职业道德的联合经纪人，以及疲软的经济。有时我觉得所有事情都失去了控制，无论走到哪里，都有棘手的问题要解决。这听起来是不是很可怕？而这也是最容易让我们遭遇失败的问题。很多人会选择逃避，而不是直接面对并积极地解决。

当然，随着经验的积累，情况会变得越来越好，但事业和生活的不确定性并没有改变，它们仍然不可预测，你不可避免地会遭遇失败。但话又说回来，我们都会有失败的经历，也应该有失败的经历，关键在于你能否快速从失败中爬起，抖落身上的灰尘，跨上马背重新踏上征程。有时候失败让人痛苦；有时候失败让人感到尴尬和羞辱；有时候失败让你损失惨重。但随着经验的增长，你会对失败应付自如。

人生犹如过山车，它的跌宕起伏让我们恐惧不安；在高处时，你会觉得非常刺激；在低处时，你又感到万分痛苦。当你取得惊人的成就时，会觉得一切尽在掌握。比如，上周我和买方签下一份天价合同。回到办公室后，我把这件事告诉了每一个人，大家也都给予了我热烈的掌声。而第二天，卖方发给我一条短信，说他不卖房子了，决定继续待在纽约。这简直是晴天霹雳。换成别人，也许会感到沮丧，但是我意识到这种情绪毫无用处。如果我陷入失败中无法自拔，就会变得更加失败。于是我提醒自己："尽管这笔交易做不成，但还有下一笔交易在等着我。"于是我精神抖擞，继续前行。

接下来，让我们看下成功道路上的七大致命的障碍。

## 缺乏自信

我喜欢适度的自我怀疑，我心中有一个声音喋喋不休地对我说："我可以做得更好，可以取得更大的成就。"这种心态是正常的，但如果太过缺乏自信,就不是什么好事了。我们身边已经有太多的噪音要扼杀我们的梦想,我们没理由让他们得逞,没理由过度自我批评,更没理由拿自己和别人对比,让自己失落沮丧。"我老了""我真蠢""我永远也不会成功"……你不能让这种自我怀疑的心态成为你前行的障碍。

你是否因为害怕失败、担心丢脸而不敢承担某个项目或不敢将自己的想法付诸实施?这是一种缺乏自信的表现,你要摆脱这种心态,因为它会让你崩溃。想当初我在纽约没有任何熟人,也不知道要从事哪一种职业,还是毅然来到这里。我当然担心,可这正是我这样做的原因。倘若我不付诸行动,可能永远活在"我本可以怎样怎样"的假设中。每当我内心那个自我怀疑的声音开始说话时,它就会变成一幅地图,指引着我,让我的目标逐渐清晰。我为之兴奋,因为终于找到了下一座要翻越的高山。

你要找到缺乏自信的具体原因。例如,如果你不敢在众人面前讲话,就要寻求一些心理辅导,帮助你克服这种"表演焦虑症";如果你在做决定之前总要征求别人的意见,就尝试着独自做决定;如果你觉得自己的衣服有点紧,或者脸部肌肉松弛,就聘请一位私人教练或美容专家。你知道有些事情会导致你缺乏自信,并让你无比煎熬,而你完全没必要忍受这种感觉。

我经常把自我怀疑想象成一堵墙,然后想象自己变成了闪电侠,通过身体的震动穿越那堵墙。如果你无法像闪电侠那样震动身体,从墙上爬过去也可以。

我们每个人都有选择权,我们可以选择相信自己,或让自己沉溺在懊悔中。不完美也是一种人生体验,你要接受自己的不完美。让别人的质疑变成一段插曲,而不是你的人生主题曲。你要弄清自尊与自负的区别,并认识到自己是一个独一无二的人。

## 嫉妒

随着我的事业蒸蒸日上，名气越来越大，我的收入也成倍增长，我还找到了自己的真爱，别人也越来越嫉妒我。我觉得，嫉妒是人类最大的缺点。从某种程度上来说，我们都有嫉妒心，但有些人完全被嫉妒心所蒙蔽。他们只看到你身轻如燕地在天空中飞翔，而感觉自己像石头般沉重。这种人的心态黑暗又危险，他们就像你的反物质。你是一个开朗快乐的人，积极地追求自己的目标和梦想；而爱嫉妒的人通常郁郁不得志，他们总会为别人实现了梦想而感到愤怒。

爱嫉妒的人和我们之前探讨过的爱唱反调的人是有区别的。爱嫉妒的人不会当着你的面说"不"，但他们会在背后说你的坏话，还会挑拨是非，到处向别人揭露你的"真面目"。不幸的是，别人会在某种程度上相信他们散布的谣言。而爱嫉妒的人之所以这样做，是为了诋毁你，让世人误解你，这样他们心里才会舒服些。

每个人的内心可能都隐藏着嫉妒心，毕竟我们都是人。但只要我们可以控制住嫉妒心，并与它断绝联系，就会不断地完善自己。

试试这个练习吧：你有一位关系很好的朋友，有一天，他买彩票中了1 000万美元。你通过他在Facebook上发布的帖子或报纸看到了这条消息。你心里会反复地想："为什么中奖的人不是我？"这时就是你的嫉妒心在作祟，与你本人无关。但你是有选择的，永远都有选择。你要提醒自己："我要让这个世界和我身边的人都变得更好。"你还可以从另一种角度去考虑这个问题："如果我帮助别人取得成功，他们就会让我成为他们人生中的一部分。"尽管这种想法有点自私，但如果能起作用，也未尝不可。请记住，与成功人士为伍，你投之以桃，他们就会报之以李，而嫉妒心只能让你越来越孤单。

现在让我们讨论一下那些想要抢走我们成就的真正嫉妒的人吧。

我先来讲述一个童话故事。很久很久以前，有一个与世隔绝的小村庄，它的名字叫"曼哈顿"。村庄里有一座城堡，城堡里面住着一位王子，他在各方面都是最优秀的。他经常出现在报纸上，人们都很喜欢他。他赚了数百万美元，人生似乎很圆满。然后瑞典王子出现了，他参加了一档人人都爱看的电视节目，并借此夺走了"第一"的称号和其他所有光环。

那位失势的王子开始说瑞典王子的坏话，他逢人就说那位瑞典王子是冒牌货。瑞典王子感觉受到了伤害，虽然他的生意没有受到影响，但他还是很难过，他从来没想过伤害任何人，他开始觉得自己生病了。

那位嫉妒的王子并没有因此而加倍地努力，他忘记了自己拥有无与伦比的才华和经验，反而把打败瑞典王子作为自己的使命。后来，瑞典王子的母亲送给儿子一个忠告："成功是最好的报复。"

那位瑞典王子就是我。那天，在我与母亲谈心之后，和朋友共进午餐，并对他们大肆抱怨别人的嫉妒给我带来的苦恼。这时候，我收到了《百万金豪宅》制片人发来的一封邮件，里面只有两句话："噢，我的天哪！噢，我的天哪！"同桌的人都问我发生了什么事情，但除了这两句话，邮件上就没有其他内容了。我用邮件回复道："我是不是错过了什么？"然后，我看到安迪·科恩在 Twitter 上面发了篇帖子，他的第一句话就是："加油！！！"然后宣布《百万金豪宅》获得了艾美奖提名。

我居然获得了艾美奖提名！获得提名时播放的那段影片就是我与德雷克结婚的场景。我顿时热泪盈眶，对自己说："这就是上天给你的暗示。"当时我就下定决心：绝不后退，绝不让那些嫉妒之人成为我灿烂人生中的一朵乌云。

这段文字也是献给你的。或许在你的生活当中，也有一些人希望看到你失败。即使现在你的身边没有这种人，将来也可能会遇到。你的事业越成功，就越有可能遇到这种人。千万不要和他们针锋相对，只要埋头做自己的事情就行了。走自己的路，让别人说去吧。

如今，我已经学会祝福爱嫉妒的人，而且我也真的领悟到：人需要保持谦逊和友好的态度。这是因为，我不会一直都成功，不会一直保持第一，总有一天会有人取代我的位置，或许那个人就是你，没有什么是永恒不变的。

## 急于求成

这可能是我在追求成功的路上最难以克服的一种心态。很多成功人士都缺乏耐心，我就是一个没耐性的人。当事情进展较慢时，我就感觉要失败了。实际上，我的成功可能正是来自我的急躁的性格。急躁的性格促使我不断前行，我比大多数人更希望把事情尽快做完，因为我不喜欢等待。

急躁性格的缺点在于，当事情进展过慢时，我会变得很烦躁，因此也就没那么帅了。大多数人都是如此。随着年龄和经验的增长，我意识到成功来自于耐心。这就像是在土壤里播下种子，然后耐心等待。成功就像树木一样，需要时间培育，千万不能拔苗助长。就算你朝它大声尖叫，让它快点长大，也无济于事。你可以鼓励它，让它多照射阳光，还要给它浇水、施肥、修剪枝丫，但就算是这样，它还是会按照自己的节奏生长。

我的成功之路是一段疯狂之旅，但这个过程非常快乐。真正让我快乐的不是目标本身，而是实现目标的过程。实现梦想旅途中的每一心挫折和失败都是旅途的组成部分，而我在克服困难的过程中得到极大的满足。

我投资了1万美元拍摄《亿万美元经纪人》的视频，在这个视频试播后，我足足等待了4年才等到《百万金豪宅》真人秀的拍摄机会。你知道我在这4年里做出多大的牺牲吗？当我看着公司里的其他人录制《纽约卖房记》的时候，你知道我有多失落吗？我等待着，努力着，把悲伤的情绪抛诸脑后。我并没有问自己："为什么倒霉的总是我？"而是在想："我不比别人差，机会一定会降临到我的头上。"

任何一位成功人士都会告诉你，他们在通往成功的道路上做出了巨大的牺牲。路要一步步地走。别忘了，在我做成第一笔交易之前，要在肯尼迪机场坐上出租车，而在此之前，我要在瑞典登上飞往纽约的飞机，而再往后推一步，我要从斯德哥尔摩经济学院退学……

## 怨天尤人

我们在人际关系中遇到的许多问题源自不切实际的期望。人们常见的心态是：我可以给你这种东西，但以后你一定要给我回报。在给予他人爱和承诺的时候，我们总期望着得到回报。假如你总期待着别人给你什么，那就注定会失望。我的建议是：对于你在乎的人，要真心付出你的爱，但不要期待对方给予任何回报。我知道这做起来很难，但请相信我，这是一种很好的生活态度，没有期望就没有失望。

接下来，让我们把这条道理用在事业上面。如果你和自己重视的人一起工作，就不会期望得到任何东西。我真的很欣赏约翰，假如有一天他决定离开纽约，到巴黎当一名时装设计师，我会恭喜并支持他。即使他离开我，我还是会很爱他。

对于我聘请的每一名员工，我都会这样告诉他们："你早晚会离开我，到了那一天，我会祝贺你，但我希望你会非常喜欢我，并让我成为你人生经历的一部分。"我们不能控制别人，如果你想要控制别人的去留，那么你会陷入失望和痛苦中。此外，如果他们真的要离开（有些人确实是离开了），公司的大门也会永远向他们敞开。

我也不会对我的客户抱有任何期待，我不期待他们从我这里买房或卖房。当你这样想的时候，每一笔交易就都变成了意外收获，成了值得庆祝的巨大的成功，而且你永远不会感到沮丧。在写这本书的时候，我有一套售价 3 000 万美元的房子在出售，而卖方正准备撤销这笔交易。她对这套房子的期望太高，我找不到可以接受她报价的买方。我对她说："首先，我是你的朋友，我支持你的每一项决定。"这话和其他房产销售员的说法大相径庭。我刚说完这句话，她就开始重新考虑自己的决定，然后对我说："我不知道该怎么办。"我敢打赌，她会继续让我帮她销售房子。

从更深的层次讲，生意场上，我不会绑架任何人的意志。谁是否想与我合作，都由他们自己决定。无论是谁，我都会秉持这种态度。在我们的生命里，总是人来人往，而我想成为海底的一片海草，随着海浪运动的方向移动，成为"逆来顺受"的海草。在我看来抗争是一件很累的事，不值得我去做。

归根结底，我们控制不了任何人。即使我们想通过控制别人来强化自己的权威地位，也只能暂时达到目的，而这恰恰也是一种失败。

## 交友不慎

在我看来，每个人都有爱和不爱的人。这些年来，我一直真心诚意地对待别人,但有些人却把好心当成驴肝肺。这确实让人难过,但我从不觉得心血白费。尽管他们没有用爱来回报我,但我对他们的爱仍是真诚的。

假如德雷克对我说他不爱我了,想回到津巴布韦,我会非常难过,但不会把我们的感情视为失败。我真心真意地爱着他,但如果我想控制他,在他不喜欢纽约或不喜欢我的情况下强迫他留下来,那就是在给自己设置陷阱,等待我的将是更大的失望。就算他不爱我,我还是会爱他,但我会放手让他去追逐自己的梦想,并希望他有一天会回到我身边。

不要过度看重别人的看法,否则你会失去自我,陷入盲目的取悦他人的心态中不可自拔。正如一句俗语所说:"不要在机场等待轮船,它是永远不会到来的。"

## 金钱问题

如果我让你别担心钱不够,你肯定会觉得很可笑,因为你会说:"你说得倒轻巧,你是不愁钱花。"可我也不是一直都富裕的人。

尽管钱不是我前进的动力,但我曾对自己说:"没有金钱的人生就是一种失败,而我不想面对这样的失败。"那是1992年的春天,当时我只有15岁。我们父子3人在意大利北部大雪覆盖的阿尔卑斯度假胜地滑雪。之后,我和哥哥坐火车前往南方的威尼斯,我们迫切地想逃离那冰天雪地的世界。对于我们来说,那是一段神奇而美妙的旅程。

在威尼斯,我们沿着美丽的街道散步。每条街道都有源远流长的故事,而这些故事是我们从未听过的。我哥哥买了一副昂贵的太阳镜,而我用自己打工赚到的钱买了一件黑色大衣。时至今日,我

## 第 13 章 | 阻碍你成功的七个魔鬼细节
直面人生的起起落落

仍记得当时自己抚摸着那柔软的布料的情景。付完钱后,我就穿上那件大衣,昂首阔步地走出商店大门。这是我们兄弟俩有生以来第一次购买奢侈品。

我还记得,当我们在威尼斯那些由鹅卵石铺就的街道上闲逛时,我是这样想的:这就是有钱的感觉,或者更准确地说,这是一种虽然很穷,但却希望终有一天会富裕起来的感觉。其实,我们家并不穷,而且相当富裕。但威尼斯的高档商店让我们顿时觉得自己很穷。当时我下定决心,一定要努力工作,这样就有钱买自己想要的任何东西。也才可以帮助那些想要发家致富的人。我和哥哥穿戴着自己买的外套和太阳镜,站在圣马可广场上,彼此对望着,我决心从那一刻开始真正地去赚钱。

在整个职业生涯中,我不止一次遇到金钱方面的难题。刚到纽约时,我没有足够的钱买鞋;我创建的公司缺少资金,不得不多次去找投资人,请求他们投入更多的资金;最近我在瑞典和挪威的分公司投入运营才一年,没有盈利能力,我手头非常缺钱。

如果你以错误的方式看待金钱,就会在它上面栽跟头。钱财乃身外之物,你出生的时候身上没有一分钱,而你离开这个世界的时候也带不走一分钱。要知道不是所有人都能成为百万富翁,每个人在某些时刻都会缺钱。而且你的眼光要长远一些,不要老是惦记着自己银行卡或你家床垫下压着的那点钱,而是要专注于做那些让你感到充实的事情,这样才能赚到更多的钱。还记得我们在本书开篇说过的无价之宝吗?爱人、孩子、价值观、信仰让我们变得真正富有。

如果金钱能让你快乐,那就努力赚钱吧。但你要知道,赚不到钱也不意味着你就是失败者。金钱当然能带来一定程度的自由,如今我可以走进威尼斯的那些商店,买我想买的任何东西,而且我也不用整天想着去查看银行账户，看存款是否已经透支。但让我快乐的并不是金钱，而是在奋斗的过程中享受到的成就感，这才是无价的。

如果你把人生最重要的10件东西列出来，会发现在这些东西中，没有一种与物质相关。假如有的话，也许你要重新排序。物质上的享受不该在其中占有一席之地。

## 疾病

人们每天都要面对疾病问题，这是人生中最残酷的事实。但你总不能一辈子都在担忧自己会生病。就算遭遇疾病，你也要充实地过好每一天，直到死去。这听起来是不是很疯狂？如果有一天我知道自己得了绝症，还是会和现在一样珍惜每一天，充分利用每分钟，最大限度地发挥出自己的潜能。

我的奶奶曾是一名癌症患者。但她并没有逃避这个事实，而是积极地面对它，与之进行斗争，并最终战胜了它，她现在比以前更有活力。她告诉我，癌症让她重生。如今，她尽情地享受每一天，并更加珍惜生命中的每个人。千万不要等到遭遇疾病时才去感恩人生，从现在开始和自己做个约定，从眼前的负面情绪中跳出来，大胆地去迎接新生活。

每当有人去世时，很多人会感到内疚，他们觉得有些事本应该为这个人去做而没有做，有些话本该对这个人说而没有说，这正是我们哀痛的原因。我早已接受了我会老去的事实，所以决定在有生之年为他人做一些力所能及的事情。当大限已至时，我知道自己已经尽力，并希望自己在另一个世界里继续前行。

托马斯·爱迪生曾说："我之所以取得成功，是因为失败了成千上万次。"我对这句话表示深深的认同。在生活和工作中你一定要相信天意，你可以把它称为"爱的力量"。你的一生就是一段旅程，你应该学习某些知识、体验某些东西、经历某些事情。

我知道你有你的困难，我也有我的困难。不过我也知道，如果把我的困难和痛苦与他人的困难和痛苦相比较，会显得微不足道。毫无疑问，很多人面临的问题和障碍比我们要大得多，所以不要沉浸在自己的痛苦中不可自拔，要鼓起勇气，直面惨淡的人生。你要记住，失败和挫折是成功的垫脚石。我再强调一次：要听天命，顺其自然，不要违背事物的发展规律。如果你认为自己能掌控一切，那你是时候去看看心理医生了。

有人曾对我说过："失败就像盐，它能让成功变得无比美味。"

# 第 14 章

## 任性享乐，开心数钱
### 尽情享受人生，创造更多生意

想象一下，你站在拉斯韦加斯一家赌场的大堂中央，而我站在你身边。我们周围的人在掷骰子、洗牌、转轮盘，他们兴奋无比。赌场里灯光闪烁，你不时能听到响铃声和掌声。大把大把的钞票在人们手中流转，此时此刻，他们完全沉醉其中。

我轻声对你说："我们开始吧。"然后牵着你的手，把你带到一台色彩鲜艳的老虎机前。你惊讶地看着我，然后我问你："我觉得你要转运了，你口袋里还有多少钱？"

"26 美元。"你回答。

"全押了。"我看着你犹犹豫豫地把钱塞进机器，"好了，拉一下拉杆。"

你按我说的做了，卷轴开始转动……第一个卷轴停下来了，显示出一个美元符号；第二个卷轴停下来了……又是一个美元符号，你睁圆了双眼，我轻轻发出一声"咦……"第三个卷轴还在转动，而你的心已经提到了嗓子眼儿……

有可能是美元符号吗？

# 第14章 任性享乐，开心数钱
尽情享受人生，创造更多生意

果然，你中奖了！

你中了头奖！老虎机的警铃响起来了，灯光闪个不停，硬币瀑布般掉了下来。你押上了全部本钱，看看这回报多丰厚。

高踢腿学员，这就是现在的你。你把现有的财富和自己的未来捆绑在一起了。你了解自己的销售技艺，你正在取得某些伟大的成就。

接下来是享受成功喜悦的时候了。

如果你不想再等下去，而是现在就想去庆祝一番，那就放手去做吧。这正是我一直在做的事情。签下第一份销售合同时，我在一家墨西哥餐厅吃了一顿精致的晚餐，并买了一双鞋子。我觉得生活就应该这样：努力工作、做出成绩，然后用各种方式庆祝胜利。

我对我的高端客户、公司投资人和颇有成就的朋友做了一次问卷调查，看看他们在努力工作后是如何犒赏自己的。接下来，我要谈谈几个有趣的想法。

## 狠狠奖励自己

有些人为了省一点钱就要戒掉每天必喝的卡布奇诺咖啡，我觉得他们太不理智了。我们需要一些小小的奢侈享受回报我们辛勤的工作。如果你连能够给你带来快乐的东西都抛弃，那就相当于让自己接受失败。还记得你读小学时家里墙上挂的那些奖状吗？它们对你有什么作用？如果你和我的感受相同，那么它们一定会让你燃起斗志。

此外，我很难理解那些从不休假的人。在欧洲国家，度假是一种习惯，它能使你的生活保持健康优质，并提高工作效率。欧洲国家的法律规定，劳动者每年可以获得20～30天的带薪假期。美国人把假期当成一种奢侈品，实际上美国是唯一一个没有固定休假时间的发达国家。牛津经济学院的一项研究显示，40%以上有带薪假期的美国劳动者都不会休假。在每10个美国劳动者中，有4个人认为自己的工作量太大而没有时间度假。

这种现象令人担忧。美国国家卫生研究院曾对1.3万名患有心脏病风险的中年人进行了调研，并发表了一份研究报告。该报告指出，那些连续5年不休假的人比那些每年至少休假1周的人的心脏病发作几率高出30%。只工作不休假的做法不但有损健康，还会影响社会生产力和经济发展。如果公司的雇员每年能多休1天假，就意味着他们的生活质量将得到很大的改善，企业生产力也随之提升。

成功应该是甜蜜的。为了保持昂扬的斗志，我们有时需要放纵一下自己。千万不要剥夺你人生中的乐趣，相反，要多给自己找乐趣。只有得到充分的休息，你才能赚更多的钱。你听说过"人生目标清单"吧？这份清单包含了你在去世前想完成的事情。我希望你能登上马丘比丘古城（Machu Picchu），跑跑马拉松，也可以做其他事情来让生活变得更有趣一些。

以下是一份"弗雷德里克趣味清单"。做了清单上的事情，你就相当于向全世界宣布："我不再为未知的明天做不必要的准备了，要从现在开始做一些让自己快乐的事情。"

# 第 14 章 任性享乐，开心数钱
尽情享受人生，创造更多生意

1. **一顿美妙的晚餐**：我最喜欢做的事情之一就是带德雷克和我的朋友去吃大餐，享用美食的感觉真是好极了。

2. **按摩**：你要抽出时间放松自己。成功人士的生活充满压力，你可以每周或每月做一次按摩。研究证明，按摩疗法有益身心。你还可以去体验一下针灸疗法，它不但能让你身体更加健康，还能帮你暂时逃脱压力。

3. **去豪华酒店住一晚**：你想体验当富豪的感觉吗？到市中心最好的酒店住一晚，享受一下酒店的豪华设施和客房送餐服务，假装自己已经成为了百万富豪，体验一把做富人的感觉。

4. **听一场演唱会**：你喜欢碧昂斯、U2 乐队、滚石乐队还是詹妮弗·洛佩兹？选择你最喜欢的明星，去听一场演唱会吧。两个小时的表演让你充分释放压力，并激励你加更努力地工作。

5. **上课**：你有哪些兴趣爱好？你一直想学习哪些新技能？烹饪、绘画、唱歌或弹吉他？现在就去报名吧，这些技能不但能拓宽你的视野，也能拓展你的业务。

6. **请个管家**：想体验一把被人宠爱的感觉吗？找个人帮你打扫屋子吧。没有什么比有人帮你洗床单、擦马桶和洗衣服更舒服的事了。知道有人关心我会让我觉得很安心。

7. **个人护理**：选择你最喜欢的一种护理方式，比如指甲护理、足部护理、面部护理等。定期做护理不仅能让你精神焕发，还能让你感觉良好，从而赚更多的钱。

8. **买一些精致的物件**：疯狂购物的过程和结果都会让人感觉很开心。你穿着一件刚买的漂亮风衣或戴一副时髦的太阳镜走在街上，一定会自我感觉非常良好。你昂扬的步伐和曼妙的身姿让你更具魅力。

9. **买束鲜花**：鲜花能很快改善你的心情。我家里一直都有至少果……这种简单朴素的方式能点亮我一天的心情。而相关研究表明，鲜花会减轻人们的焦虑。

10. **举办宴会**：举办一场宴会，你会成为宴会上的明星人物。千万不要亲自去组织它，只要订好场地就行，让宴会承包商帮你筹划其余的事情。你很有可能在聚会上结识到你的客户，因为我就是这样开拓业务的。

让我们一起制作一份属于你的"趣味清单"。我希望你能每天给自己一些小小的惊喜。只要能提高生活质量，你就能提高业务质量，我发誓。

## 回馈与付出，跟他人分享你的成功

这些年来，你应该得到了很多人的支持和鼓励。你要仔细想一下对你的人生产生了积极影响的那类人。然后给他们写封信，表达你的感激之情，并把他们的事迹告诉更多人。接下来，你要传播这份爱心，继续帮助他人，不断地积累善行。

我常听说人们在星巴克排队买咖啡时，会为在他们之后的人也买一杯。我喜欢这样的举动，而且这很容易做到。我也希望自己能够做些鼓励或帮助他人的事情，并从中得到成就感。

世界上有两种人：一种是给予者，另一种是索取者。如果你真的想达成交易，就要知道你给予别人越多，得到的就会越多。实际上，你的付出比你的收获要多得多。你所给予的不一定是金钱或其他昂贵的东西，也可以是时间和勇气。比如，给住在你隔壁的寡居老人送一些小甜品，周末去看望孤儿院的小孩，或者为一些智障儿童提供学业辅导等。

会告诉你做慈善的目的是什么，以及哪些行为才是真正的慈善行为。无论你的兴趣是艺术、环保、人道主义、儿童、动物或其他领域，都可以在那里找到用武之地。

在我目前取得的成就中，最大的成就就是随自己的心意向慈善机构捐款。在帮助受虐待动物的过程中，在帮助生病和无家可归的孩子的过程中，我获得了满足感。光是在这过去的一年里，我就在贫困山区建造了多所学校，并帮他们打了一口取水井，让整个村子的居民都能喝上干净的淡水。而回馈社会之后，我会更加努力地工作。每当我和德雷克收到受助儿童写给我们的信时，内心都充满了喜悦。这是一项回报颇丰的投资行为。

## 旅行，人生最美好的回报

旅行是我最喜欢的享受生活的方式。我把这部分内容留在最后，因为它与享受成就相关，所以我想在最喜欢的环境中写下这些文字。在我写这些内容的时候，正坐在加勒比洁白的沙滩上，喝着朗姆酒，享受着阳光、大海和棕榈树。

小时候，我把画有马尔代夫海景的海报贴满了卧室的墙壁。在瑞典冬天又黑又冷的夜里，我喜欢盯着海报上那些漂亮的棕榈树，任由想象天马行空。我痴迷地看着这一切，海报中的景色和瑞典寒冷的冬季景色形成鲜明的对比，马尔代夫变成我心中的圣地。13岁时，我受那些海报的启发，写了一篇关于棕榈树的详细报告（全世界共有2 600多种棕榈树）。

我知道父母肯定不打算带我去马尔代夫，但我下定决心，要全身心地投入工作，赚到足够的钱，自己去马尔代夫旅游。我在一家餐馆找了份切洋葱的工作，并开始存钱。如果说世界是一场瑞典式自助餐，那我想尝遍各种菜式。

人生苦短，即使我能活到100岁，也没有时间看尽世间美景，做完想做的所有事。所以我开始收集旅游类书籍，并把杂志上带有美丽风景的那一页都给撕了下来。我喜欢闲下来的时候坐着发呆，陶醉在这些梦想中。哪怕不能去所有想去的地方，也要让自己看到尽可能多的风景。

有些人认为，只要努力工作，就能在退休时衣食无忧。我从来没有这种想法。我觉得这是把希望寄托在虚无缥缈的未来。我尽量每月都出去度假，即使是周末旅行也好。人应该活在当下，不要沉溺于明天的烦恼和过去的痛苦。

尽管工作和生活的压力很大，我依然可以在任何时间去我想去的任何地方。因为我可以自主安排日程，不会受到公司的约束。我的努力得到了回报，我已经成了儿时梦想中的世界公民。如今，我可以到世界各地去冒险。我最喜欢的事情就是规划旅游行程、执行计划，和我爱的人一起在旅行中享受生活。

我花了50万美元租了一个小岛来举行婚礼，这是一笔超值的交易。岛上婚礼给宾客们留下了深刻的印象。

当时，我和德雷克都想在沙滩上举行婚礼，因此我们利用周末时间去寻找合适的地方。我几乎把婚礼的举办地视为一道要满足各项条件的方程式。这个地方必须是一个度假胜地或能够包场的酒店，不但要气候宜人，还要有精美的食物，而且要便于来自世界各地的宾客来参加婚礼。最后，我们找到了一个与世隔绝的小岛，它位于佛罗里达州的西锁岛附近，名为"小棕榈岛"。当我们来到这里的时候，就知道这是我们心中最理想的婚礼举办地。

那里有棕榈树、洁白的沙滩，还有 30 间别致的小别墅——可以容纳 60 人住宿。我们想：既然婚礼要拍照和录像，为何不把它变成《百万金豪宅》节目中的一部分呢？我知道这听起来有些疯狂，而且要花一大笔钱，那又怎样？我这辈子只结一次婚。而且这场婚礼不但给我们留下了美好的回忆，也帮助我们的节目获得了艾美奖提名。

你可以说我对旅行和冒险过于着迷，但对我而言，旅行和冒险是生活对我的最大奖赏，它们给予我的快乐胜过任何东西。

## 你有多会享受，就有多能赚钱

在做哪些事情的时候，你会觉得快乐并充满活力吗？那就尽可能多地做这些事情，不要总是忙着赚钱，却忘记了享受生活。你要把自己看作银行账户，不仅要经常"存钱"，也要有一定的"支出"来享受自己的劳动果实。我发现，心情愉快的时候能赚到更多的钱。所以在和大客户见面前，我要么在迈阿密的泳池旁喝着鸡尾酒，要么在圣巴特沙滩的餐厅吃着美味的午餐。

关于做销售，我要向你说明最后一点：你的业务规模与你的享乐程度和冒险程度成正比。成功的困难在于要先学会享受人生，之后你才能更加成功。相信我，无论是出去吃一顿愉快的晚餐、享受一次异域之旅，或是和朋友跳舞、看演唱会，你都有可能在这时遇到某些对你有所启发的人，他们可以教给你某些知识、扩展你的思维或者为你的事业提供新的发展机会。而这不经意间的收获会改变你的一生。

所以，前进吧，高踢腿学员。去实现你的梦想，达成交易，你一定会像星星一样闪闪发光。

# 结　语

## 带着我的秘诀，实现你的梦想

亲爱的读者，你是我新结识的知己、战友，以及顶尖的销售伙伴。

现在是纽约破晓时分，晨光初露，天气微凉。我觉得我是此刻整个纽约市唯一醒着的人。我独自一人坐在这大都会中，太阳还没有升起，甚至连黄色计程车也在沉睡中。今天是交稿日，我还在为满桌子的文稿熬通宵。我已经准备向出版社上交手稿，希望这本书能及时送到你的手里。

我还有件事没有告诉你。小时候，我们每年夏天都会到海边度假，而在假期的最后一天，我都会举行一场仪式：我写好一封信，把它叠起来放到奶奶给我准备的空酒瓶里；我把瓶子轻轻地放入大海，希望它不会漏水或沉入海底；同时我还许了愿，希望它能远渡重洋，奇迹般地漂到遥远的海岸，被某个人捡起来。在信里，我一般会写一句有魔力的祝福语，希望发现这个瓶子的人能够梦想成真。

我这辈子许过不少愿望，也往海里扔了不少许愿瓶。我在想：这些瓶子现在在哪里？它们已经沉入海底了吗？还是陈列在世界另一边某个人的书架上？这本书就像漂流瓶里的那封信。今天早上，我要把它送出去，而现在它似乎已经到达了你的手上。

这是一种很奇妙的感觉。我们并不真正了解彼此，却有缘相识。你我都是相似的人，而你知道，我会一直为你加油，希望你做最好的自己，并且希望我说的话能够激励你。而你也已经意识到，凭借这些秘诀，就能够最终实现你的梦想。

我不喜欢说再见，所以请不要挽留我。太阳已经缓缓升起，笼罩在纽约市上空的雾气正逐渐散去。谢谢你花费这么长的时间听我诉说，谢谢你拾起我这封"信"。对我而言，它有着非凡的意义。

# 中资海派出品
## 为精英阅读而努力

### 自律是更高级的自控

◆ 厨房里飘来培根的香味，让我们胃口大开，却忘记了医生让我们控制胆固醇的建议；

◆ 手机铃声响起，我们的眼神不由自主转向亮起的屏幕，却错过了朋友和家人最真挚的眼神；

◆ 时钟走到7：51时你保证8：00开工，半小时后你又把闹钟设在9：00，你成了"整点爱好者"，却患上了严重的拖延症。

我们的消极反应通常是环境中消极诱因的产物。它们诱使我们以完全不符合自我认知的方式对同事、父母或朋友做出反应。虽然看起来环境并不在我们的掌控中，我们却能选择自己的反应。

然而，选择不等于行动，无论需求多么紧急，改变对我们来说总是很难的事。我们是优秀的策划者，但当环境在工作与生活中发挥影响时，我们就变成了蹩脚的执行者。

中资海派出品
定　价：39.80元

创建持久的行为习惯，
成为你想成为的人

写给善于制定目标，却难以达成目标的你

风行全球！写给成年人的习惯改造书

# 中资海派出品
## 为精英阅读而努力

[美] 马克·佩恩 著
易 伊 译

中资海派出品
定 价：45.00 元

**只需就地取材、按部就班，
创新也可以稳稳的！**

◆ 投入至少 3 亿美元、委托数百名开发商研发的谷歌钱包，既然能够为消费者带来极大便利，为何彻底宣告失败？

◆ 为什么星巴克在晚上不卖咖啡卖美酒？晚上想喝酒，人们为何不去酒吧而去星巴克？

据调查，创新的平均失败率大约为 85%～95%。只考虑创意，却没有兼顾产品营利性与可行性，是创新失败的主因。而本书的"金钱与魔法"创新秘诀，则做到了三者同时兼顾，将创新成功率提高到 80%～90%。

运用这个秘诀，你将学会将东一榔头西一棒子式的"散点式创新"变为一步一个台阶的"按部就班式创新"，学会迅速而便宜地失败后成功。无论是世界 500 强的研发成果，还是你隔壁的创业公司窝在车库中捣鼓出来的玩意儿，抑或是你表哥在宿舍里码出来的 App 程序，它都能将他们的野心、汗水和天才般的想象力变成实实在在的畅销新品，从而大赚一把。

**IDEO 公司的创意优势＋麦肯锡公司的商业优势＝一箭双雕式创新法**

**不创新是等死，盲目创新是找死，
不读这本书，你会遗憾死！**

# 中资海派出品
## 为精英阅读而努力

### 打造"全员领导者"的授权管理与激励日志

**将跟随者转变为"全员领导者"与"隐形领导者"**

"圣塔菲"号是一艘攻击型核潜艇，武器配备足以摧毁一个中等面积的国家。作为新任艇长，大卫·马凯特的每一个决定都关乎国家的安危，也要对135位艇员的生命安全负责。然而，"圣塔菲"号过去一直士气低落，人员流动率居舰队之首，战斗力排名倒数第一，被海军列为反面典型。

在这种不允许丝毫差错的环境下，马凯特一改微观管理的习惯，史无前例地将决策权交给了手下的军官，从批示请假条到制定作战路线，让每个人都对自己的行为负责。艇员从开始时的盲目执行命令，变成了敢于说出"艇长，你错了""艇长，我打算这样做……"的自主决策者。

仅仅几个月，"圣塔菲"号的战斗力就飙升至舰队第一。艇上的大批军官进入了舰队指挥机关，数量远超其他潜艇。

马凯特退役10年后，这艘潜艇的战斗力与组织绩效依然排名舰队前列。

[美] L.大卫·马凯特 著
何正云 张晓雷 译

中资海派出品
定 价：42.00元

《财富》杂志推荐"年度必读商业图书"第一位

**横向管理只能独当一面，纵向授权才能统领三军**

# 中资海派出品
## 为精英阅读而努力

[英] 戴维·刘易斯 著
张淼 译

中资海派出品
定　价：42.00 元

### 每个"惊艳"的营销细节背后
### 都藏着一个诱惑"上帝"的心理学家

◆ 为什么灯光明亮的蓝色商店能勾起强烈的购买欲？

◆ 为什么带有巧克力香气的言情小说更受欢迎？

◆ 为什么亚马逊和Facebook总能推送你"恰好需要"的产品？

◆ 为什么在收银台前，手机总是没有网络信号？

怎样像阅读一本书一样读懂消费者的所思所想？怎样将大脑运作机制的研究成果有效地应用于广告、营销以及零售领域？在大数据时代，这种"说服产业"已跻身空前重要的地位。戴维·刘易斯博士创造性地将神经科学理论应用于营销实践，通过探索人类大脑的敏感点，来发掘消费者挑选、购买产品的深层原因。传统推销术已成为过去，刘易斯博士揭示的广告及营销产业的秘密着实令人惊艳。

### 戴维·刘易斯（David Lewis）
### 神经营销学之父

戴维·刘易斯博士是营销咨询领域权威机构"国际思维实验室"的创始人兼首席心理学家。国际思维实验室是第一家从神经科学视角对消费主义进行研究的领军企业，客户包括索尼、思科、吉百利以及多家影视公司和出版商。

# 中资海派出品
## 为精英阅读而努力

## 以真诚的社交互动激发
## 消费者对品牌的持续追捧

◆ 宝洁旗下的品牌——秘密,原本已被挤出女性用品市场,却因一则简单的广告销量激增85%,它是如何做到的?

◆ 巴塔哥尼亚,户外品牌中的Gucci,力劝客户勿轻易购买其产品的傲慢举动,为何能吸引更多客户买单?

◆ 连锁店遍布全球的帕拉纳面包,传递了怎样的正能量,使得单店平均销售额从110万美元飙升至240万美元?

社交时代,企业永续成功的秘诀只有一个——赢得客户信赖。这种信赖与病毒视频和热门推荐无关。精明的消费者会一眼识破那些换汤不换药的把戏,企业再也无法以引诱、恭维或哗众取宠来换取消费者的忠诚。

作者在《疯赞》中结合新锐研究成果、引人入胜的案例和实用操作建议,分享了企业在社交时代茁壮成长的秘诀。

[美] 鲍勃·加菲尔德
　　　道格·莱维 著
陈 书 译

中资海派出品
定　价:39.80元

### 消费者更偏好融入了
### 企业精神特质的产品

### 让消费者赞不绝口的互联网超额盈利指南

### 万人疯赞,千万人追捧的社交媒体营销宝典!

# 中资海派出品
## 为精英阅读而努力

"自私荷尔蒙"引爆团队激情
"无私荷尔蒙"激发高效协作

[美] 西蒙·斯涅克 著
李文远 译

中资海派出品
定　价：39.80 元

从男人狩猎、女人采摘的原始部落，到高度专业化分工的互联网时代，人类寻求安全感与归属感的本能从未改变。但几万年来，我们的环境已经发生了翻天覆地的变化。过去，"自私荷尔蒙"促使我们寻找食物，免于饥饿；如今，我们更需要在"无私荷尔蒙"的激发下相互协作，达成团队目标，进而为个人创造利益。

在很多成功的企业里，卓越的领导者已经运用"自私—无私荷尔蒙"领导法则建立了牢固的"安全圈"，激发全员奉献与合作的本能，创造了超凡的业绩。

在美国海军陆战队，士兵永远排在用餐队伍的前面，高级军官则总是最后吃饭；在零售巨头好市多，CEO 辛尼格以"关注员工而非数据"的方式，创造股价 1 200% 的增长奇迹，超过通用集团一倍；在年均营收增长 60% 的 Next Jump 公司，查理更是大胆采用"终身雇佣制"，打造了一个人才流失率约为 0 的高绩效团队。

建立牢固"安全圈"，实现团队效能 10 倍增长

微软、美国运通、美国国防部、联合国都在用的顶级团队最佳培训教材

你是一个真正的团队领导者吗？

# 中资海派出品
## 为精英阅读而努力

## 怎样把时间花在能创造时间的事情上？

◆ 同样是出勤 8 小时的上班族，为什么有的人能开店、出书、健身三不误，而有的人连看场电影的时间都没有？

◆ 同样一天 24 小时，为什么我们比扎克伯格、马云的产出少，却跟他们一样忙，甚至比他们还忙？

◆ 同样身患拖延症，为什么有的人能"拖得刚刚好"，而有的人却无药可救，关键时刻掉链子？

曾经的"时间管理困难症"患者瓦登，从亲身经历中发现，时间管理的关键在于理解"时间不够用"背后的情感原因。

于是，他以情感管理为核心，开发出一套"时间聚焦漏斗"模型，提出 5 条情感权限，总结出 5 条时间倍增策略，让我们不仅能够提高单位时间利用率，更能够自主"创造"时间，让时间"倍增"。

[美] 罗里·瓦登 著
易 伊 译

中资海派出品
定 价：32.00 元

**通过情感管理，
如何掌控你的时间和生活**

**如何让 1 小时产生 10 小时的成效？**

**当时间更多时，拖拉一点又何妨？**

# "iHappy 书友会"会员申请表

姓 名（以身份证为准）：_____ 性 别：_____
年 龄：_____ 职 业：_____
手机号码：_____ E-mail：_____
邮寄地址：_____ 邮政编码：_____
微信账号：_____ （选填）

请严格按上述格式将相关信息发邮件至中资海派"iHappy 书友会"会员服务部。

邮 箱：zzhpHYFW@126.com

微信联系方式：请扫描二维码或查找 zzhpszpublishing 关注"中资海派图书"

| | 订阅人 | | 部 门 | | 单位名称 | |
|---|---|---|---|---|---|---|
| 优惠订购 | 地 址 | | | | | |
| | 电 话 | | | | 传 真 | |
| | 电子邮箱 | | | 公司网址 | | 邮 编 |
| | 订购书目 | | | | | |
| | 付款方式 | 邮局汇款 | 中资海派商务管理（深圳）有限公司<br>中国深圳银湖路中国脑库 A 栋四楼　　邮编：518029 | | | |
| | | 银行电汇或转账 | 户　名：中资海派商务管理（深圳）有限公司<br>开户行：招行深圳科苑支行<br>账　号：81 5781 4257 1000 1<br>交通银行卡户名：桂林　卡　号：622260 1310006 765820 | | | |
| | 附注 | 1. 请将订阅单连同汇款单影印件传真或邮寄，以凭办理。<br>2. 订阅单请用正楷填写清楚，以便以最快方式送达。<br>3. 咨询热线：0755-25970306 转 158、168　　传　真：0755-25970309 转 825<br>E-mail：szmiss@126.com | | | | |

→ 利用本订购单订购一律享受九折特价优惠。

→ 团购 30 本以上八五折优惠。